LE

MAITRE D'ARMES

PAR

Alexandre Dumas.

3

PARIS,
DUMONT, ÉDITEUR,
PALAIS-ROYAL, 88, AU SALON LITTÉRAIRE.
1841

LE MAITRE D'ARMES.

OUVRAGES DE M. ALEXANDRE DUMAS.

Impressions de Voyage,	5 vol. in-8.
Isabel de Bavière,	2 vol. in-8.
Souvenirs d'Antony,	1 vol. in-8.
Pauline et Pascal Bruno,	2 vol. in-8.
Le Capitaine Paul,	2 vol. in-8.
Quinze jours au Sinaï,	2 vol. in-8.
Acté,	2 vol in-8.
Le Capitaine Pamphile,	2 vol. in-8.
La comtesse de Salisbury,	2 vol. in-8.
Aventures de John Davis,	4 vol. in-8.
Jacques Ortis,	2 vol. in-8.
Othon l'Archer,	1 vol. in-8.
Maitre Adam le Calabrais,	1 vol. in-8.
Les Stuarts,	2 vol. in-8.

Sous Presse

Impressions de Voyage (*midi de la France*).

Impressions de Voyage (*nouvelle série*). Belgique et Allemagne.

Sceaux. — Impr. de E. Dépée.

LE
MAITRE D'ARMES

PAR

Alexandre Dumas.

3

PARIS,
DUMONT, ÉDITEUR,
PALAIS-ROYAL, 88, AU SALON LITTÉRAIRE.
1841.

XI

Comme ce que j'avais à dire à Louise ne devait point la rassurer, et que d'ailleurs j'espérais toujours que quelque circonstance imprévue ferait avorter la conspiration, je rentrai chez moi, et j'essayai de prendre quelque repos; mais j'étais si préoccupé, que je me réveillai au point du jour, m'habillai aussitôt, et courus à la place du Sénat. Tout était tranquille.

Cependant les conjurés n'avaient pas perdu leur nuit. En vertu des résolutions prises, chacun s'était rendu à son poste, dirigé par Ryleyeff, qui était le chef militaire, comme le prince de Troubetskoï était le chef politique. Le lieutenant Arbouzoff devait entraîner les marins de la garde, les deux frères Rodisco et le sous-lieutenant Goudimoff le régiment des gardes Izmailowski; le prince Stchepine Rostoffski, le capitaine en second Michel Bestoujeff, son frère Alexandre et deux autres officiers du régiment, nommés Brock et Wolkoff, s'étaient chargés du régiment de Moscou; enfin, le lieutenant Suthoff avait répondu du premier régiment des grenadiers-du-corps. Quant au comte, il avait refusé tout autre rôle que celui de simple acteur, promettant de faire ce que les autres feraient ; comme on le savait homme à tenir parole, et que d'ailleurs il ne réclamait aucune position dans le futur gouvernement, on n'avait point exigé davantage de lui.

Je restai jusqu'à onze heures, non pas sur la place du Sénat, car il y faisait trop froid pour qu'une pareille station fût supportable, mais chez un de ces marchands de sucreries et de vins qu'on nomme *conditors*, et dont la boutique était située au bout de la Perspective, près de la maison du banquier Cerclet. C'était un poste excellent pour y attendre des nouvelles, d'abord parce qu'il donnait sur la place de l'Amirauté, ensuite parce que les conditors remplacent à Saint-Pétersbourg nos pâtissiers de Paris ; et celui-là étant le Félix de l'endroit, à chaque instant des personnes arrivant des quartiers les plus opposés entraient dans son magasin. Jusqu'à cette heure, au reste, toutes les relations étaient satisfaisantes; le général de la garde et de l'état-major venait d'arriver au palais, annonçant que les régiments des gardes à cheval, des chevaliers-gardes, de Preobrajenski, de Semenowskoï, les grenadiers Paulowski, les chasseurs de la garde, les chasseurs de Finlande et les sapeurs, venaient de prêter serment. Il est vrai qu'on n'avait encore aucune nouvelle des autres régiments, mais cela tenait sans doute à la position de leurs casernes, éloignées du centre de la capitale.

J'allais rentrer chez moi, espérant que la journée s'écoulerait ainsi, et que les conspirateurs, ayant reconnu le danger de leur projet, se tiendraient tranquilles, lorsque tout à coup un aide-de-camp passa au grand galop, et on put comprendre que quelque chose d'inattendu venait d'arriver. Chacun courut aussitôt sur la place, car il y avait dans l'air cette vague inquiétude qui précède toujours les grands événements; en effet, la révolte venait de commencer, et cela avec une telle violence, qu'on ne pouvait savoir où elle s'arrêterait.

Le prince Stchepine Rostoffski et les deux Bestoujeff, avaient tenu parole. Dès neuf heures du matin ils étaient arrivés aux casernes du régiment de Moscou, et, s'adressant aux 2°, 3° 5° et 6° compagnies qu'on savait les plus dévouées au grand-duc Constantin, le prince Stchepine avait affirmé aux soldats qu'on les trompait en exigeant d'eux le serment. Il avait ajouté que, bien loin d'avoir renoncé à la couronne, le grand-duc était arrêté pour avoir refusé à son frère la concession de ses droits. Alors Alexandre Bestoujeff, prenant la parole, avait annoncé qu'il arrivait de Varsovie, chargé par le czarewich lui-même de s'opposer à la prestation du serment; et, voyant que ces nouvelles produisaient une grande impression sur les troupes, le prince Stchepine avait ordonné aux soldats de prendre des cartouches à balle et de charger leurs armes. En ce moment l'aide-de-camp Verighine, suivi du major-général Fredricks, commandant le peloton de grenadiers aux mains desquels était le drapeau, était arrivé pour inviter les officiers à se rendre chez le colonel du régiment. Stchepine avait alors pensé que le moment était venu; il avait ordonné aux soldats de repousser les grenadiers à coup de crosses et de leur enlever le drapeau; en même temps il s'était précipité sur le général-major Fredricks, que Bestoujeff de son côté menaçait du pistolet, l'avait frappé à la tête d'un coup d'estoc qui l'avait étendu à terre, et en même temps, se retournant sur le général-major Schenschine, commandant de la brigade, qui accourait au secours de son collègue, il l'avait renversé d'un coup de pointe. Se ruant aussitôt au milieu des grenadiers, il avait successivement blessé le colonel Khwosschinski, le sous-officier Mousseieff et le grenadier Krassoffski, si bien qu'il avait fini par s'emparer du drapeau qu'il avait élevé en l'air en criant : Hurrah! A ce cri, et à la vue du sang, plus de la moitié du régiment avait répondu par les cris de vive Constantin! à bas Nicolas! et, profitant de ce moment d'enthousiasme, Stchepine avait entraîné près de quatre cents hommes à sa suite, et marchait avec eux tambour battant vers la place de l'Amirauté.

A la porte du palais d'Hiver, l'aide-de-camp qui apportait ces nouvelles heurta un autre officier qui arrivait de la caserne des grenadiers du corps. Les nouvelles dont celui-ci était chargé n'étaient guère moins inquiétantes que celles apportées par l'aide-de-camp. Au moment où le régiment sortait pour aller prêter serment, le sous-lieutenant Kojenikoff s'était jeté à l'avant-garde en criant : Ce n'est pas au grand-duc Nicolas qu'il faut prêter serment, mais à l'empereur Constantin. Puis, sur ce qu'on lui répondait que le czarewich avait abdiqué :—C'est faux, s'était-il écrié, faux, de toute fausseté ; le czarewich marche sur Saint-Pétersbourg pour punir ceux qui ont oublié leurs devoirs et récompenser ceux qui seront restés fidèles.

Cependant, malgré ses cris, le régiment avait continué sa marche, avait prêté serment, et était rentré dans la caserne sans donner aucune marque d'insubordination, lorsqu'au moment du dîner, le lieutenant Suthoff, qui avait prêté serment comme les autres, entra, et s'adressant à sa compagnie : Mes amis, s'écria-t-il, nous avons eu tort d'obéir, les autres régiments sont en pleine révolte, ils ont refusé le serment, et sont à cette heure sur la place du Sénat; habillez-vous, chargez vos armes, et en avant, suivez-moi. J'ai votre solde dans ma poche, et je vous la distribuerai sans attendre l'ordre.

— Mais ce que vous nous dites est-il bien vrai? s'écrièrent plusieurs voix.

— Tenez, voici le lieutenant Panoff, votre ami comme moi : interrogez-le.

— Mes amis, dit Panoff avant d'attendre même qu'on l'interrogeât, vous savez que Constantin est votre seul et légitime empereur et qu'on veut le détrôner. Vive Constantin!

— Vive Constantin! crièrent les soldats.

— Vive Nicolas! répondit le colonel Sturler, commandant du régiment, en s'élançant dans la salle. On vous égare, mes amis, le czarewich a abdiqué, et vous n'avez pas d'autre empereur que le grand duc Nicolas. Vive Nicolas Ier!

— Vive Constantin! répondirent les soldats.

— Vous vous trompez, soldats, et on vous fait faire fausse route, cria de nouveau Sturler.

— Ne m'abandonnez pas, suivez-moi, répondit Panoff; réunissons-nous à ceux qui défendent Constantin. Vive Constantin!

— Vive Constantin! avaient crié plus des trois-quarts des soldats.

— A l'Amirauté! à l'Amirauté! dit Panoff tirant son épée; suivez-moi, soldats, suivez-moi!

Et il s'était élancé suivi de près de deux cents hommes, criant hurrah comme lui, et se dirigeant comme le régiment de Moscou, mais par une autre rue, vers la place de l'Amirauté.

Pendant que cette double nouvelle était

apportée à l'empereur, le gouverneur militaire de Saint-Pétersbourg, le comte Milarodowich, accourut à son tour au palais. Il savait déjà la rébellion du régiment de Moscou et des grenadiers-du-corps; il avait ordonné aux troupes sur lesquelles il croyait pouvoir le plus compter de se rendre au palais d'Hiver; ces troupes étaient le premier bataillon du régiment de Preobrajenski, trois régiments de la garde de Paulowski et le bataillon des sapeurs de la garde.

L'empereur vit alors que la chose était plus sérieuse qu'il ne l'avait cru d'abord. En conséquence, il commanda au général-major Neidhart de porter au régiment de la garde de Semenowski l'ordre d'aller immédiatement réprimer les mutins, et à la garde à cheval celui de se tenir prête à la première réquisition ; puis, ces ordres donnés, il descendit lui-même au corps-de-garde principal du palais d'Hiver, où le régiment de la garde de Finlande était de service, et lui ordonna de charger ses fusils et d'occuper les principales avenues du palais. En ce moment, on entendit un grand tumulte : c'étaient la troisième et la sixième compagnie du régiment de Moscou, conduites par le prince Stchepine et les deux Bestoujeff, qui arrivaient, drapeaux au vent, tambour en tête, criant : A bas Nicolas ! vive Constantin ! Elles débouchèrent sur la place de l'Amirauté ; mais arrivées là, soit qu'elles ne se crussent pas assez fortes, soit qu'elles reculassent en face de la majesté impériale, au lieu de marcher sur le palais d'Hiver, elles allèrent s'adosser au sénat. A peine y étaient-elles, qu'elles y furent rejointes par les grenadiers-du-corps : une cinquantaine d'hommes en frac, dont quelques-uns étaient armés de pistolets qu'ils tenaient à la main, se mêlèrent aux soldats révoltés.

En ce moment, je vis paraître l'empereur sous une des voûtes du palais; il s'approcha jusqu'à la grille et jeta un coup-d'œil sur les rebelles; il était plus pâle que d'habitude, mais paraissait parfaitement calme. On disait que, pour être prêt à mourir en empereur et en chrétien, il s'était confessé et avait fait ses adieux à sa famille.

Comme j'avais les yeux fixés sur lui, j'entendis derrière moi et du côté du palais de marbre retentir le galop d'un escadron de cuirassiers; c'était la garde à cheval conduite par le comte Orloff, un des plus braves et des plus fidèles amis de l'empereur. Devant lui les grilles s'ouvrirent ; il sauta à bas de son cheval, et le régiment se rangea devant le palais ; presque en même temps on entendit les tambours des grenadiers de Preobrajenski qui arrivaient par bataillons. Ils entrèrent dans la cour du palais, où ils trouvèrent l'empereur avec l'impératrice et le jeune grand-duc Alexandre ; derrière eux parurent les chevaliers-gardes, au milieu desquels je reconnus le comte Alexis Waninkoff ; ils se rangèrent de manière à former l'angle avec leurs cuirassiers, laissant entre eux un intervalle que l'artillerie ne tarda point à remplir. Les régiments révoltés laissaient de leur côté faire toutes ces dispositions avec une insouciance apparente et sans s'y opposer autrement que par leurs cris de vive Constantin! à bas Nicolas! Il était évident qu'ils attendaient des renforts.

Cependant les messagers envoyés par le grand-duc Michel se succédaient au palais. Tandis que l'empereur y organisait sa défense et celle de sa famille, le grand-duc parcourait les casernes, et par sa présence combattait la rébellion. Quelques efforts heureux avaient déjà été tentés; au moment où le reste du régiment de Moscou allait suivre les deux compagnies révoltées, le comte de Liéven, frère d'un de mes écoliers, capitaine à la cinquième compagnie, était arrivé assez à temps pour empêcher le bataillon de sortir et faire fermer les portes. Alors, se plaçant devant les soldats, il avait tiré son épée en jurant sur son honneur qu'il la passerait au travers du corps du premier qui ferait un mouvement. A cette menace, un jeune sous-lieutenant s'était avancé le pistolet à la main en menaçant à bout portant le comte de Liéven de lui brûler la cervelle. A cette menace, le comte avait répondu par un coup du pommeau de son épée, qui avait fait sauter le pistolet des mains du sous-lieutenant; mais celui-ci l'avait ramassé, et avait de nouveau dirigé son arme vers le comte. Alors celui-ci, croisant les bras, marcha droit au sous-lieutenant, tandis que le régiment, immobile et muet, regardait comme témoin cet étrange duel. Le sous-lieutenant recula de quelques pas, suivi par le comte de Liéven, qui lui présentait sa poitrine comme un défi; mais enfin il s'arrêta et fit feu. Par miracle, l'amorce brûla, mais le coup ne partit point. En ce moment, on frappa à la porte.

— Qui est là ? crièrent quelques voix.

— Son altesse impériale le grand-duc Michel, répondit-on du dehors.

Quelques instants de stupeur profonde succédèrent à ces paroles. Le comte de Liéven marcha vers la porte, et l'ouvrit sans que personne tentât de l'arrêter.

Le grand-duc entra à cheval, suivi de quelques officiers d'ordonnance.

— Que signifie cette inaction au moment du danger ? s'écria-t-il, suis-je au milieu de traîtres ou de soldats loyaux ?

— Vous êtes au milieu du plus fidèle de vos régiments, répondit le comte de Liéven, ainsi que votre altesse impériale va en avoir la preuve.

Alors, élevant son épée :

— Vive l'empereur Nicolas! s'écria-t-il.

— Vive l'empereur Nicolas! répondirent les soldats d'une seule voix.

Le jeune sous-lieutenant voulut parler, mais le comte de Liéven l'arrêta par le bras :

— Silence, monsieur. Je ne dirai pas un mot de ce qui s'est passé ; ne vous perdez pas vous-même.

— Liéven, dit le grand-duc, je vous confie la conduite du régiment.

— Et j'en réponds sur ma tête à votre altesse impériale, répondit le comte.

Le grand-duc alors avait poursuivi sa course, et partout avait trouvé, sinon de l'enthousiasme, du moins de l'obéissance. Les nouvelles étaient donc bonnes. En effet, de tous côtés les renforts s'échelonnaient ; les sapeurs étaient en bataille devant le palais de l'Ermitage, et le reste du régiment de Moscou, conduit par le comte de Liéven, débouchait par la Perspective de Niewski. L'apparition de ces troupes fit pousser de grands cris aux révoltés, car ils crurent que c'était enfin le secours attendu qui leur arrivait; mais ils furent promptement détrompés. Les nouveaux venus se rangèrent devant l'hôtel des Tribunaux, faisant face au palais; avec les cuirassiers, l'artillerie et les chevaliers-gardes, ils enfermèrent les révoltés dans un cercle de fer.

Un instant après on entendit les chants des prêtres; c'était le métropolitain, qui, suivi de tout son clergé, sortait de l'église de Cazan, et venait, précédé des saintes bannières, ordonner au nom du ciel aux révoltés de rentrer dans leur devoir. Mais, pour la première fois peut-être, les soldats méprisèrent dans leur irréligion politique les images qu'ils étaient habitués à adorer, et prièrent les prêtres de ne point se mêler des affaires de la terre, et de s'en tenir aux choses du ciel. Le métropolitain voulut insister, quand un ordre de l'empereur lui enjoignit de se retirer ; Nicolas voulait tenter lui-même un dernier effort pour ramener les rebelles.

Ceux qui entouraient l'empereur voulurent alors l'en empêcher, mais l'empereur répondit que, puisque c'était sa partie qu'il jouait, il était juste qu'il mît sa vie au jeu. En conséquence, il ordonna d'ouvrir la grille : à peine venait-on d'obéir, que le grand-duc arriva à fond de train, et s'approchant de l'oreille de l'empereur, lui dit tout bas qu'une partie du régiment de Preobrajenski, dont il était entouré, faisait cause commune avec les rebelles, et que le prince Troubetskoï, dont l'empereur avait remarqué l'absence avec étonnement, était le chef de la conspiration. La chose était d'autant plus possible, que, vingt-quatre ans auparavant, c'était le même régiment qui avait gardé les avenues du Palais-Rouge tandis que son colonel, le prince Talitzin, étranglait l'empereur Paul.

La situation était terrible, et cependant l'empereur ne changea point de visage ; seulement il était évident qu'il prenait une résolution extrême. Au bout d'un instant il se retourna, et s'adressant à un de ses généraux :

— Qu'on m'amène le jeune grand-duc, dit-il.

Un instant après le général descendit avec l'enfant. Alors l'empereur le souleva de terre, et s'avançant vers les grenadiers:

— Soldats! dit-il, si je suis tué, voilà votre empereur : ouvrez les rangs, je le confie à votre loyauté.

Un long hurrah se fit entendre; un cri d'enthousiasme, parti du fond du cœur, retentit; les coupables furent les premiers à laisser tomber leurs armes et à ouvrir les bras. L'enfant fut emporté au milieu du régiment et mis sous la même garde que le drapeau; l'empereur monta à cheval et sortit. A la porte les généraux le suplièrent de ne pas aller plus loin, les rebelles ayant dit tout haut que leur intention était de tuer l'empereur, et toutes leurs armes étant chargées. Mais l'empereur fit signe de la main qu'on le laissât libre, et défendant que personne le suivît, il mit son cheval au galop, piqua droit sur les révoltés, et s'arrêtant à demi-portée de pistolet :

— Soldats ! s'écria-t-il, on m'a dit que vous vouliez me tuer ; si cela est vrai, me voilà.

Il y eut un moment de silence, pendant lequel l'empereur resta immobile entre les deux troupes, pareil à une statue équestre. Deux fois on entendit dans les rangs des rebelles retentir le mot feu, sans que cet ordre fût exécuté ; mais à la troisième fois il fut suivi de la détonation de quelques coups de fusil. Les balles sifflèrent autour de l'empereur, mais aucune ne l'atteignit. A cent pas derrière lui le colonel Velho et plusieurs soldats furent blessés par cette décharge.

Au même instant Milarodowich et le grand-duc Michel s'élancèrent aux côtés de l'empereur ; le régiment des cuirassiers et celui des chevaliers-gardes firent un mouvement, les artilleurs approchèrent la mèche de la lumière.

— Halte ! cria l'empereur. — Chacun obéit. — Général, ajouta-t-il en s'adressant au comte Milarodowich, allez à ces malheureux, et tâchez de les ramener.

Le comte Milarodowich et le grand-duc Michel s'élancèrent vers eux ; mais les révoltés les accueillirent avec une nouvelle décharge et aux cris de vive Constantin !

— Soldats, s'écria alors le comte Milarodowich, en élevant au-dessus de sa tête un magnifique sabre turc tout garni de pierreries, et s'avançant jusque dans les rangs des rebelles, voici un sabre qui m'a été donné par son altesse impériale le czarewich lui-même; eh bien! au nom de l'honneur, je vous jure sur ce sabre que l'on vous trompe, que l'on vous abuse, que le czarewich a renoncé à la couronne, et que votre seul et légitime souverain est l'empereur Nicolas Ier.

Des hurrahs et des cris de vive Constantin! répondirent à ce discours; puis, au milieu des hurrahs et des cris, on entendit un coup de pistolet, et on vit le comte Milarodowich chanceler; un autre pistolet avait été dirigé sur le grand-duc Michel; mais les soldats de marine, quoique au nombre des révoltés, avaient arrêté le bras de l'assassin.

En une seconde le comte Orloff et ses cuirassiers, malgré les décharges successives des révoltés, eurent enveloppé dans leurs rangs le comte Milarodowich, le grand-duc et l'empereur Nicolas, qu'ils ramenèrent de force au palais. Milarodowich se tenait à peine sur son cheval, et en arrivant il tomba dans les bras de ceux qui l'entouraient.

L'empereur voulait qu'on fît une dernière tentative pour ramener les révoltés; mais, pendant qu'il donnait des ordres en conséquence, le grand-duc Michel sauta à bas de cheval; puis, se mêlant aux artilleurs, il arracha une baguette des mains d'un servant, et approchant la mêche de la lumière :

— Feu! cria-t-il, feu sur les assassins!

Quatre coups de canon chargés à mitraille partirent en même temps et renvoyèrent avec usure aux rebelles la mort qu'ils avaient donnée; puis, sans' qu'il fût possible de rien entendre des ordres de l'empereur, une seconde décharge suivit la première.

L'effet de ces deux volées à demi-portée de fusil fut terrible. Plus de soixante hommes, tant des grenadiers-du-corps que du régiment de Moscou et des marins de la garde, restèrent sur la place ; le reste prit aussitôt la fuite par la rue Galernaïa, par le quai Anglais, par le pont d'Isaac et par la Néva, qui était gelée ; alors les chevaliers-gardes lancèrent leurs chevaux et se mirent à la poursuite des rebelles, à l'exception d'un seul homme, qui laissa le régiment s'éloigner, et qui, mettant pied à terre, et laissant aller son cheval à l'aventure, s'avança vers le comte Orloff. Arrivé près de lui, il détacha son sabre et le lui présenta.

—Que faites-vous, comte? demanda le général étonné, et pourquoi venez-vous me remettre votre sabre au lieu de vous en servir contre les rebelles?

—Parce que j'étais de la conspiration, monseigneur, et que, comme tôt ou tard je serais dénoncé et pris, j'aime mieux me dénoncer moi-même.

—Assurez-vous du comte Alexis Waninkoff, dit le général en s'adressant à deux cuirassiers, et conduisez-le à la forteresse.

L'ordre fut aussitôt exécuté. Je vis le comte traverser le pont de la Moïka, et disparaître à l'angle de l'ambassade de France.

Alors je pensai à Louise, dont j'étais maintenant le seul ami. Je repris, au milieu du tumulte, le chemin de la Perspective, et j'arrivai chez ma pauvre compatriote si triste et si pâle, qu'elle se douta bien que je venais lui annoncer quelque malheur. Aussi, à peine m'eut-elle aperçu, qu'elle vint à moi les mains jointes.

— Qu'y a-t-il, au nom du ciel, qu'y a-t-il? me demanda-t-elle.

— Il y a, lui répondis-je, que vous n'avez plus d'espoir que dans un miracle de Dieu ou dans la miséricorde de l'empereur.

Alors je lui racontai tout ce dont j'avais été témoin, et je lui remis la lettre de Waninkoff.

Comme je m'en étais douté, c'était une lettre d'adieu.

Le soir même, le comte Milarodowich mourut de sa blessure; mais, avant de mourir, il exigea que le chirurgien extirpât la balle : l'opération finie, il prit le lingot de plomb dans sa main, et voyant qu'il n'était point de calibre :

— Je suis content, dit-il, ce n'est point la balle d'un soldat.

Cinq minutes après, il rendit le dernier soupir.

Le lendemain, à neuf heures du matin, c'est-à-dire au moment où la vie commence à se réveiller dans toute la ville, et quand tout le monde ignorait encore si l'émeute de la veille était appaisée ou devait se renouveler, l'empereur descendit sans suite et sans gardes, donnant la main à l'impératrice; puis, montant avec elle dans un droschki qui attendait à la porte du palais d'Hiver, il parcourut toutes les rues de Saint-Pétersbourg, et passa devant toutes les casernes, s'offrant de lui-même aux coups des assassins, s'il en restait encore. Mais partout il n'entendit que des cris de joie, poussés du plus loin qu'on apercevait les plumes flottantes de son chapeau : seulement, comme pour rentrer au palais, après cette course téméraire qui lui avait si bien réussi, il passait par la Perspective, il vit une femme sortir de chez elle un papier à la main, et venir s'agenouiller sur sa route, de manière qu'il lui fallait détourner son traîneau ou l'écraser. Arrivé à trois pas d'elle, le cocher arrêta tout court avec cette habileté proverbiale des Russes pour maîtriser leurs chevaux : alors la femme, en pleurs et sans voix, n'eut que la force d'agiter en sanglotant le papier qu'elle tenait à la main; peut-être l'empereur allait-il continuer son chemin, mais l'impératrice le regarda avec son sourire d'ange, et il prit le papier, qui ne contenait que ces paroles écrites à la hâte et mouillées encore :

« SIRE. — Grâce pour le comte Waninkoff : au nom de ce que Votre Majesté a de plus cher, grâce..... grâce. »

L'empereur chercha en vain la signature; il n'y en avait pas. Alors il se retourna vers la femme inconnue.

— Êtes-vous sa sœur? demanda-t-il.

La suppliante secoua la tête tristement.

— Êtes-vous sa femme?

La suppliante fit signe que non.

— Mais enfin qui donc êtes-vous? demanda l'empereur avec un léger mouvement d'impatience.

— Hélas! hélas! s'écria Louise en retrouvant sa voix, dans sept mois, sire, je serai la mère de son enfant.

— Pauvre petite! dit l'empereur, et, faisant signe au cocher, il repartit au galop, emportant la supplique, mais sans laisser à la pauvre éplorée d'autre espérance que les deux mots de pitié qui étaient tombés de ses lèvres.

XVII

Les jours suivants furent employés à faire disparaître jusqu'à la dernière trace de l'émeute terrible dont les murs mitraillés du sénat gardaient encore la sanglante empreinte. Dès le même soir ou dans la nuit, les principaux conjurés avaient été arrêtés : c'étaient le prince Troubetskoï, le journaliste Ryleyeff, le prince Obolinski, le capitaine Jacoubowith, le lieutenant Kakowski, les capitaines en second Stchepine, Rostowski et Bestoujeff, un autre Bestoujeff, aide-de-camp du duc Alexandre de Wurtemberg; enfin soixante ou quatre-vingts autres qui étaient plus ou moins coupables d'action ou de pensée, Waninkoff, qui, ainsi que nous l'avons dit, s'était livré volontairement, et le colonel Boulatoff, qui avait suivi son exemple.

Par une coïncidence étrange, Pestel, d'après des ordres partis de Taganrog, avait été arrêté dans le midi de la Russie le jour même où avait éclaté l'émeute à Saint-Pétersbourg.

Quant à Serge et à Apostol Mourawief, qui étaient parvenus à se sauver et à soulever six compagnies du régiment de Tchernigoff, ils furent rejoints près du village de Poulogoff, dans le district de Wa-silkoff, par le lieutenant-général Roth. Après une résistance désespérée, l'un d'eux essaya de se brûler la cervelle d'un coup de pistolet, mais se manqua ; l'autre fut pris après avoir été grièvement blessé d'un éclat de mitraille au côté et d'un coup de sabre à la tête.

Tous les prisonniers, dans quelque coin de l'empire qu'ils eussent été arrêtés, furent transférés à Saint-Pétersbourg ; puis une commission d'enquête, composée du ministre de la guerre Tatistcheff, du grand-duc Michel, du prince Galitzin, conseiller-privé, de Golenitcheff-Kotouzoff, qui avait succédé au comte Milarodowich dans le gouvernement militaire de Saint-Péters-bourg, de Tchernycheff, de Benkendorrf, de Levacheff et de Potapoff, tous quatre aides-de-camp généraux, fut nommée par l'empereur, et l'instruction commença avec une impartialité dont les noms que nous venons de répéter étaient les garants.

Mais, comme c'est l'habitude à Saint-Pétersbourg, tout se faisait dans le silence et dans l'ombre, et rien ne transpirait au dehors. Il y a plus, et c'est une chose étrange, dès le lendemain du jour où un rapport officiel avait annoncé à l'armée que tous les traîtres étaient arrêtés, il n'avait pas plus été question d'eux que s'ils n'eussent jamais existé, ou que s'ils fussent venus en ce monde isolés et sans famille; pas une maison n'avait fermé ses fenêtres en signe de veuvage, pas un front ne s'était voilé de tristesse en signe de deuil. Tout continua de marcher comme si rien n'était advenu. Louise seule tenta cette démarche que nous avons dite et qui n'avait peut-être pas son précédent dans les souvenirs moscovites ; et cependant chacun, je le présume, sentait comme moi au fond du cœur que bientôt un matin ferait éclore, comme une fleur sanglante, quelque nouvelle terrible ; car la conspiration était flagrante, les intentions des conspirateurs étaient homicides, et, quoique chacun connût la bonté naturelle de l'empereur, on sentait bien qu'il ne pourrait étendre son pardon à tous : le sang appelait le sang.

De temps en temps un rayon d'espoir perçait cette nuit comme une lueur sombre, et donnait une nouvelle preuve des dispositions indulgentes de l'empereur. Dans la liste des conjurés qu'on avait mise sous ses yeux, il avait reconnu un nom cher à la Russie : ce nom, c'était celui de Souwarow. En effet, le petit-fils du rude vainqueur de la Trébéia était au nombre des conspirateurs. Nicolas, en arrivant à lui, s'arrêta; puis, après un instant de silence : « Il ne faut pas, dit-il, comme se parlant à lui-même, qu'un si beau nom soit taché. Se retournant alors vers le grand-maître de la police qui lui présentait la liste : C'est moi, dit-il, qui interrogerai le lieutenant Souwarow. »

Le lendemain, le jeune homme fut conduit devant l'empereur, qu'il s'attendait à voir irrité et menaçant, et qu'il trouva, au contraire, le front calme et doux. Ce n'est pas tout : aux premiers mots du czar, il fut facile au coupable de voir dans quel but on l'avait fait venir. Toutes les questions du souverain, préparées avec une paternelle sollicitude, étaient disposées de manière à ce que l'accusé ne pût échapper à l'acquittement. En effet, à chacune des interrogations impériales auxquelles il n'avait à répondre que oui ou non, le czar se retournait vers ceux qu'il avait convoqués pour assister à cette scène, en disant : « Vous le voyez bien, vous l'entendez, je vous l'avais bien dit, messieurs, un Souwarow ne pouvait pas être un rebelle. » Et Souwarow, tiré de sa prison, renvoyé à son régiment, avait reçu au bout de quelques jours son brevet de capitaine.

Mais tous les accusés ne s'appelaient pas Souwarow, et, quoique je fisse tous mes efforts pour inspirer à ma pauvre compatriote un espoir que je n'avais point moi-même, la douleur de Louise était vraiment effrayante. Depuis le jour de l'arrestation de Waninkoff, elle avait absolument abandonné les soins ordinaires de sa vie passée, et, retirée dans le petit salon qu'elle s'était ménagé derrière le magasin, elle y restait, la tête appuyée sur ses mains, laissant silencieusement échapper de grosses larmes de ses yeux, et n'ouvrant la bouche que pour demander à ceux qui, comme moi, étaient admis dans cette petite retraite : « Est-ce que vous croyez qu'ils le tueront ? » Puis, à la réponse qu'on lui faisait et qu'elle n'écoutait même pas : « Ah! si je n'étais pas enceinte! » disait-elle.

Et cependant le temps s'écoulait ainsi sans que rien transpirât du sort réservé aux accusés. La commission d'enquête tissait son œuvre dans l'ombre; on sentait qu'on marchait vers le dénouement de la sanglante tragédie, mais nul ne pouvait dire quel serait ce dénouement, ni quel jour il aurait lieu.

Deux incidens survinrent qui aidèrent les habitants de Saint-Pétersbourg à oublier, passagèrement du moins, la catastrophe du mois de décembre : l'une fut l'ambassade extraordinaire envoyée par la France, et conduite par le duc de Raguse; l'autre fut l'arrivée du corps de l'impératrice Élisabeth. Elle avait tenu parole, et n'avait survécu que de quatre mois à Alexandre. L'ambassade arriva dans les premiers jours de mai, et le cercueil dans les premiers jours de juin. Je fus prévenu de la première cérémonie par une lettre d'un de mes anciens écoliers qui était venu comme attaché, et de l'autre par un coup de canon tiré de la forteresse. Comme à chaque instant l'amitié que je portais à Louise et l'intérêt que m'inspirait le comte me tenaient sur le qui-vive, je crus que le coup de canon annonçait tout autre chose, et je descendis vivement pour m'informer de ce qu'il y avait de nouveau. En ce moment un second coup de canon se fit entendre, et comme je vis courir tout le monde du côté de la Néva, je me mis à courir comme les autres. En route, j'appris de quoi il était question.

Lorsque j'arrivai sur le quai, il était déjà encombré de telle façon, que je compris que, si j'y restais, il me serait impossible de rien voir. En conséquence, je louai une barque, et, du milieu du fleuve où je m'arrêtai, je m'apprêtai à voir passer le cortège, qui, pour arriver à la forteresse, devait traverser l'immense pont de bateaux qui s'étend du Champ-de-Mars à la citadelle. Depuis quelques instants, toutes les cloches de la ville s'étaient mêlées à l'artillerie et sonnaient à toute volée.

La première personne qui parut fut un maître des cérémonies à cheval, portant en signe de deuil une écharpe de crêpe noir et blanc. Derrière lui marchait une compagnie des gardes de Preobrajenski, puis un officier des écuries impériales, puis un maréchal de la cour, dont le deuil était indiqué par un vaste chapeau rabattu sur les yeux et par un manteau noir qui lui enveloppait les deux épaules. Les timbaliers et les trompettes des chevaliers-gardes et des gardes à cheval venaient après, suivis de quarante valets de pied, de quatre coureurs, de huit laquais de la chambre et de quatre officiers de la cour. Vingt pages s'avançaient derrière eux, accompagnés de leur gouverneur, qui fermait la marche de la première section.

Soixante-deux drapeaux aux armes des différentes provinces de l'empire venaient ensuite, portés chacun par un officier, que deux autres officiers accompagnaient comme assistants, et au milieu de ces bannières de deuil, s'élevait l'étendard de soie noire aux armes de la Russie, que suivait un homme d'armes revêtu d'une armure noire et tenant à la main une épé nue, dont la pointe était baissée vers la terre. Derrière l'homme d'armes, douze hussards de la garde, commandés par un officier, précédaient un équipage de parade surmonté de la couronne impériale et attelé de huit chevaux richement caparaçonnés. Huit palefreniers marchaient à côté des chevaux ; deux laquais se tenaient aux portières, et quatre palefreniers à cheval venaient ensuite. C'était une apparition que faisaient pour la dernière fois les pompes de la terre, au milieu des lugubres attributs de la mort.

Le cortège, reprenant aussitôt son aspect funéraire, présentait ensuite une masse indistincte de manteaux noirs et de crêpes sombres, que précédaient les armes du grand-duché de Bade, de Schleswig-Holstein, de Tauride, de Sibérie, de Finlande, d'Astrakan, de Kazan, de Pologne, de Novogorod, de Kiew, de Wladimir et de Moscou. Ces écussons, comme les premiers, étaient portés chacun par un officier, escorté à droite et à gauche de deux autres officiers ; puis s'avançait le grand écusson des armes de l'empire, précédé de quatre généraux et porté par deux généraux-majors, deux colonels et deux officiers supérieurs.

Après les représentants de la puissance impériale et après ceux de l'armée, venaient, conduits par le maître des cérémonies, les députés des différentes corporations des bourgeois, des marchands et des cochers, chacune d'elles précédée d'un petit étendard sur lequel étaient peintes ou brodées les marques distinctives de la profession exercée par ceux qui la composaient.

Les différentes compagnies, comme la compagnie russse-américaine, la compagnie économique, la société des prisons, la société philanthropique, les différents employés de la bibliothèque publique impériale, de l'Université de Saint-Pétersbourg, de l'Académie des arts, de l'Académie des sciences, venaient à leur tour; puis les généraux, les aides-de-camp-généraux, les aides-de-camp de l'empereur, les secrétaires d'état, les sénateurs, les ministres et les membres du conseil de l'empire, enfin tous les élèves des maisons d'industrie et des écoles auxquelles l'impératrice trépassée accordait une protection spéciale. Deux hérauts d'armes les suivaient, vêtus de deuil, et précédant les ordres étrangers, les ordres de Russie et la couronne impériale, portés sur des coussins de brocard d'or.

Trois images, soutenues, l'une par le confesseur de l'impératrice, les deux autres par des archidiacres et des prêtres, venaient ensuite, et étaient immédiatement suivies du char funèbre, sur lequel était couché le corps de l'impératrice. Les bâtons du baldaquin étaient tenus par quatre chambellans, ainsi que les cordons et les houppes du drap mortuaire, et aux deux côtés du char marchaient, couvertes de longs voiles, les dames de l'ordre de Sainte-Catherine et les demoiselles d'honneur qui avaient suivi l'impératrice dans son dernier voyage, et qui, fidèles jusqu'après la mort, l'accompagnaient à sa dernière demeure. Les plus hauts fonctionnaires conduisaient les chevaux de la voiture, et soixante pages, tenant des cierges allumés, l'enveloppaient d'un cordon de feu.

Enfin venait l'enpereur Nicolas, enveloppé d'un manteau de deuil et portant un chapeau rabattu; il avait à sa droite le grand-duc Michel, et derrière lui, à une petite distance, le chef de l'état-major-général, le ministre de la guerre, le général-quartier-maître, le général de service et plusieurs autres généraux. Vingt-quatre porte-enseignes de la garde marchaient à une distance respectueuse de l'empereur, longeant les parapets du pont, et enfermant dans leur double ligne la voiture de deuil où se trouvaient l'impératrice et le jeune grand-duc Alexandre, héritier de la couronne. Le grand-duc de Wurtemberg, ses deux fils et sa fille s'avançaient ensuite à pied avec les deux reines d'Iміréti et la régente de Mingrélie. Après celles-ci venaient toutes les femmes attachées autrefois au service de l'impératrice défunte;

enfin, la marche était fermée par une compagnie du régiment de Semenowski.

Le cortège mit à peu près une heure et demie à traverser le pont, tant il marchait lentement et tant il était considérable. Puis toute cette longue file disparut enfin dans la forteresse, où le peuple se précipita pour voir rendre les derniers devoirs à celle que vingt ans il avait regardée comme un intermédiaire entre la terre et le ciel.

Je trouvai en rentrant Louise très agitée. Comme moi, elle ignorait la cérémonie funèbre qui devait avoir lieu, et au premiers coups de canon, aux premières volées de la cloche, elle avait tremblé que ce ne fût le signal de l'exécution.

Cependant M. de Gorgoli, qui avait toujours conservé pour moi les mêmes bontés, m'avait souvent rassuré, en me disant que le jugement serait connu quelques jours auparavant, et qu'ainsi nous aurions toujours le temps de faire quelques démarches près de l'empereur, si le jugement était mortel pour notre pauvre Waninkoff. En effet, le 14 juillet, la *Gazette de Saint-Pétersbourg* parut, contenant le rapport adressé à l'empereur par la haute cour de justice. Elle divisait les différents degrés de participation au complot en trois genres de crimes, dont le but était *d'ébranler l'empire, de renverser les lois fondamentales de l'État et de subvertir l'ordre établi.*

Trente-six accusés étaient condamnés par la cour à la peine de mort, et le reste aux mines et à l'exil. Waninkoff était au nombre des condamnés à mort. Mais à la suite de la justice venait la clémence; la peine de mort était commuée pour trente-un des condamnés en un exil éternel, et Waninkoff était au nombre de ceux qui avaient obtenu une commutation de peine.

Cinq des coupables seulement devaient être exécutés : c'étaient Ryleyeff, Bestoujeff, Michel Serge, Mourawieff et Pestel.

Je m'élançai hors de la maison, courant comme un fou, mon journal à la main, et tenté d'arrêter chaque personne que je rencontrais pour lui faire part de ma joie, et j'arrivai ainsi, tout hors d'haleine, chez Louise. Je la trouvai, le même journal à la main, et en m'apercevant elle se jeta dans mes bras, toute pleurante, sans pouvoir dire autre chose que ces mots : Il est sauvé ! Dieu bénisse l'empereur !

Dans notre égoïsme, nous avions oublié

les malheureux qui allaient mourir, et qui, eux aussi, avaient une famille, des maîtresses, des amis. Le premier mouvement de Louise avait été de penser à la mère et aux sœurs de Waninkoff, qu'elle connaissait, comme on se le rappelle, pour les avoir vues dans leur voyage à Saint-Pétersbourg. Les malheureuses femmes ignoraient encore que leur fils et leur frère ne mourrait pas, ce qui est tout en pareille circonstance, car on sort des mines, on revient de la Sibérie, mais la pierre du tombeau une fois fermée ne se soulève plus.

Alors Louise eut une de ces idées qui ne viennent qu'aux sœurs et aux mères ; elle calcula que la gazette qui contenait la bienheureuse nouvelle ne partirait de Saint-Pétersbourg que par le courrier du soir, et par conséquent serait de douze heures en retard pour Moscou, et elle me demanda si je ne connaîtrais pas un messager qui consentirait à partir à l'instant même, et à porter cette gazette en poste à la mère de Waninkoff. J'avais un valet de chambre russe, et par conséquent non suspect, intelligent et sûr; je l'offris, il fut accepté. Il ne s'agissait plus que du passeport. Au bout d'une demi-heure, grâce à la protection toujours active et bienveillante de M. de Gorgoli, je l'eus obtenu, et Grégoire partit portant la bienheureuse nouvelle, avec mille roubles pour ses frais de route.

Il gagna quatorze heures sur le courrier; quatorze heures plus tôt qu'elles ne devaient le savoir, une mère et deux sœurs apprirent qu'elles avaient encore un fils et un frère.

Grégoire revint avec une de ces lettres qu'on écrit avec une plume arrachée de l'aile des anges; la vieille comtesse appelait Louise sa fille, les jeunes filles la nommaient leur sœur. Elles demandaient en grâce que, le jour où l'exécution aurait lieu, et où les prisonniers partiraient pour l'exil, un courrier leur fût encore envoyé. Je dis, en conséquence, à Grégoire, de se tenir prêt à repartir d'un moment à l'autre. De pareils voyages lui étaient trop avantageux pour qu'il refusât. La mère de Waninkoff lui avait donné mille roubles, de sorte que, de sa première mission, il était resté au pauvre diable une petite fortune qu'il espérait bien doubler à la seconde.

Nous attendîmes le jour de l'exécution;

il n'était point fixé à l'avance, nul ne le savait donc, et chaque matin la ville se réveillait croyant apprendre que tout était fini pour les cinq condamnés; l'idée d'un supplice mortel faisait au reste d'autant plus d'effet que depuis soixante ans personne n'avait été exécuté à Saint-Pétersbourg.

Les jours s'écoulaient, et on était étonné de l'intervalle qui séparait le jugement de l'exécution. Il avait fallu le temps de faire venir deux bourreaux d'Allemagne.

Enfin, le 25 juillet au soir, je vis entrer chez moi un jeune Français, mon ancien écolier, qui, comme je l'ai dit, était attaché à l'ambassade du maréchal Marmont, et que j'avais prié souvent de me tenir au courant des nouvelles que par sa position diplomatique il pouvait apprendre avant moi. Il accourait me dire que le maréchal et sa suite venaient de recevoir de M. de La Ferronnays l'invitation de se rendre le lendemain, à quatre heures du matin, à l'ambassade française, dont les fenêtres, comme on le sait, donnaient sur la forteresse. Il n'y avait point de doute, c'était pour assister à l'exécution.

Je courus chez Louise lui annoncer cette nouvelle, et alors toutes ses craintes la reprirent. N'était-ce point par erreur que le nom de Waninkoff se trouvait parmi les noms des exilés au lieu de se trouver parmi les noms des condamnés à mort? Cette commutation de peines n'était-elle point une fausse nouvelle répandue pour que l'exécution produisit moins d'effet sur la population de la capitale, et le lendemain ne serait-elle point détrompée à l'aspect

de trente-six cadavres au lieu de cinq ?
Comme tous les malheureux, on le voit,
Louise était ingénieuse à se tourmenter;
je la rassurai cependant. J'avais su de
haute source que tout était bien arrêté
comme l'annonçait la gazette officielle, et
l'on avait même ajouté que l'intérêt qu'a-
vait inspiré Louise à l'empereur et à l'impératrice le jour où elle leur avait remis
sa supplique à genoux dans la Perspective,
n'avait point été étranger à la commuta-
tation de peine qu'avait obtenue le condamné.

Je quittai un instant Louise, qui me fit
promettre de revenir bientôt, pour aller
faire un tour du côté de la forteresse, afin
de voir si quelques apprêts mortuaires in-
diquaient le terrible drame dont cette place
devait être le théâtre le lendemain. Je ne

vis que les membres du tribunal, qui sortaient de la forteresse; mais c'était assez. Les greffiers venaient de signifier aux accusés leur jugement. Il n'y avait donc plus de doute, l'exécution était pour le lendemain au matin.

Nous expédiâmes aussitôt Grégoire à Moscou avec une nouvelle lettre de Louise à la mère de Waninkoff. Ainsi ce n'était pas douze heures d'avance que nous avions sur la nouvelle; c'était vingt-quatre heures.

Vers minuit, Louise me demanda de l'accompagner du côté de la forteresse; ne pouvant voir Waninkoff, elle voulait au moins, au moment où elle allait en être séparée, revoir les murs qui l'enfermaient.

Nous trouvâmes le pont de la Trinité

gardé; nul ne pouvait le franchir. C'était une nouvelle preuve que rien n'était changé dans les dispositions de la justice. Alors, d'un côté à l'autre de la Néva, nous portâmes les yeux sur la forteresse, que, pendant cette belle nuit du nord, nous apercevions aussi distinctement que dans un de nos crépuscules d'occident. Au bout d'un instant nous vîmes errer des lumières sur la plate-forme, puis des ombres passer, portant des fardeaux étranges. C'étaient les exécuteurs qui dressaient l'échafaud.

Nous étions les seuls arrêtés sur le quai; personne ne se doutait ou ne paraissait se douter de ce qui se préparait. Des voitures attardées passaient rapidement, avec leurs deux lumières qui flamboyaient comme des yeux de dragons. Quelques barques glissaient sur la Néva et disparaissaient peu à peu, soit dans les canaux; soit dans les bras de la rivière, les unes silencieuses, les autres bruyantes. Une seule resta immobile et comme à l'ancre; aucun bruit n'en sortait, ni joyeux ni plaintif. Peut-être enfermait-elle quelque mère, quelque sœur ou quelque femme, qui, comme nous, attendait.

A deux heures du matin, une patrouille nous fit retirer.

Nous rentrâmes chez Louise. Il n'y avait pas long-temps à attendre, puisque l'exécution, comme je l'ai dit, devait avoir lieu à quatre heures. Je restai avec elle encore une heure et demie, puis je ressortis.

Les rues de Saint-Pétersbourg, à part quelques mougicks qui paraissaient ignorer complèteme nt ce qui allait se passer étaient entièrement désertes. A peine un faible jour commençait-il à paraître, et un léger brouillard, qui se levait de la rivière, passait comme un voile de crêpe blanc entre une rive et l'autre de la Néva. Comme j'arrivais à l'angle de l'ambassade de France, je vis le Maréchal Marmont qui y entrait avec toute la mission extraordinaire; un instant après ils parurent au balcon.

Quelques personnes s'étaient arrêtées comme moi sur le quai, non point qu'elles fussent informées de ce qui allait se passer, mais parce que, le pont de la Trinité étant occupé par des troupes, elles ne pouvaient se rendre dans les îles où elles avaient affaire. On les voyait, inquiètes et irrésolues, se parler à voix basse, car elles ignoraient s'il n'y avait point danger pour elles à demeurer là. Quant à moi, j'étais bien résolu à y rester jusqu'à ce qu'on m'en chassât.

Quelques minutes avant quatre heures, un grand feu s'alluma et attira mes yeux vers un point de la forteresse. En même temps, et comme le brouillard commençait à se dissiper, je vis se découper sur le ciel la silhouette noire de cinq potences ; ces potences étaient placées sur un échafaud de bois, dont le plancher fabriqué à la manière anglaise, s'ouvrait au moyen d'une trappe sous les pieds des condamnés.

A quatre heures sonnant, nous vîmes monter sur la plate-forme de la citadelle, et se ranger autour de l'échafaud, ceux qui n'étaient condamnés qu'à l'exil. Ils étaient en grand uniforme, avaient leurs épaulettes et leurs décorations; des soldats portaient leurs épées. Je cherchai à reconnaître Waninkoff au milieu de ses malheureux compagnons; mais, à cette distance, c'était impossible.

A quatre heures quelques minutes, les cinq condamnés parurent sur l'échafaud; ils étaient vêtus de blouses grises et avaient sur la tête une espèce de capuchon blanc. Sans doute, ils arrivaient de cachots différents; car, au moment où ils se réunirent, on leur permit de s'embrasser.

En ce moment un homme vint leur parler. Presque aussitôt un hurrah se fit entendre; au premier moment nous n'en sûmes pas la cause. Depuis on nous dit, je ne sais si la chose est vraie, que cet homme venait proposer la vie aux condamnés s'ils consentaient à demander leur grâce; mais ajoutait-on, ils avaient répondu à cette proposition par les cris de : Vive la Russie ! vive la liberté ! cris qui avaient été étouffés par les hurrahs des assistants.

L'homme s'éloigna d'eux, et les bourreaux s'approchèrent. Les condamnés firent quelques pas, on leur passa la corde au cou, et on leur rabattit le capuchon sur les yeux.

En ce moment quatre heures et quart sonnèrent.

La cloche vibrait encore que le plancher manqua tout à coup sous les pieds des patients; en même temps un grand tumulte se fit entendre; des soldats se précipitèrent sur l'échafaud; un frémissement sembla passer dans l'air, qui nous fit frissonner. Quelques cris indistincts parvinrent jusqu'à nous ; je crus qu'il y avait une émeute.

Deux des cordes avaient cassé, et les deux condamnés qu'elles étaient destinées à étrangler, cessant d'être soutenus, étaient tombés au fond de l'échafaud, où l'un s'était brisait la cuisse et l'autre le bras. De là venait l'émotion et le tumulte. Quant aux autres, ils continuaient de mourir.

On descendit avec des échelles dans l'intérieur de l'échafaud, et l'on remonta les patients sur la plate-forme. On les déposa couchés, car ils ne pouvaient se tenir debout. Alors l'un des deux se tourna vers l'autre : Regarde, lui dit-il, à quoi est bon un peuple esclave ; il ne sait pas même pendre un homme.

Pendant qu'on les remontait, on avait

préparé des cordes neuves, de sorte qu'ils n'eurent pas long-temps à attendre. Le bourreau revint à eux, et alors, s'aidant eux-mêmes autant qu'ils le pouvaient, ils marchèrent au-devant du nœud mortel. Au moment où on allait le leur passer au cou, ils crièrent une dernière fois d'une voix forte : Vive la Russie ! vive la liberté ! viennent nos vengeurs ! Cri funèbre, qui s'en alla mourir sans échos parce qu'il ne trouva aucune sympathie. Ceux qui le poussaient avaient mal jugé leur époque et s'étaient trompés d'un siècle.

Lorsqu'on rapporta à l'empereur cet incident, il frappa du pied avec impatience; puis : Pourquoi n'est-on pas venu me dire cela? s'écria-t-il; maintenant, je vais avoir l'air d'être plus sévère que Dieu.

Mais nul n'avait osé prendre sur sa res

ponsabilité de surseoir à l'exécution, et cinq minutes après leur dernier cri jeté, les deux patiens avaient déjà rejoint dans la mort leurs trois compagnons.

Alors vint le tour des exilés : on leur lut à haute voix la sentence qui leur retirait tout dans ce monde, rang, décorations, biens, familles; puis les exécuteurs, s'approchant d'eux, leur arrachèrent tour à tour épaulettes et décorations, qu'ils vinrent jeter dans le feu en criant : Voilà les épaulettes d'un traître ! voilà les décorations d'un traître ! puis enfin, retirant des mains des soldats qui les portaient les épées de chacun, ils les prirent par la poignée et par la pointe, et brisèrent chaque épée sur la tête de son maître, en disant : Voilà l'épée d'un traître !

Cette exécution finie, on prit au hasard

dans un tas des sarreaux de toile grise, pareils à ceux des gens du peuple, dont on couvrit les bannis après les avoir dépouillés de leur uniforme; puis on les fit descendre par un escalier, et on les reconduisit chacun à son cachot.

La plate-forme redevint déserte, et il n'y resta qu'une sentinelle, l'échafaud, les cinq potences, et à ces cinq potences les cinq cadavres des suppliciés.

Je revins chez Louise, je la trouvai en larmes, agenouillée et priant.

— Eh bien? me dit-elle.

— Eh bien! lui dis-je, ceux qui devaient mourir sont morts, et ceux qui doivent vivre vivront.

Louise finit sa prière, les yeux au ciel; et avec une expression de reconnaissance infinie.

Puis, sa prière achevée :

— Combien y a-t-il d'ici à Tobolsk ? me demanda-t-elle.

— Huit cents lieues à peu près, répondis-je.

— C'est moins loin que je ne croyais, dit-elle ; merci.

Je demeurai un instant la regardant en silence, et, commençant à pénétrer son intention :

— Pourquoi me faites-vous cette question ? lui demandai-je.

— Comment ! vous ne devinez pas ? me répondit-elle.

— Mais, m'écriai-je, c'est impossible en ce moment, Louise, songez dans quel état vous êtes ?

— Mon ami, dit-elle, soyez tranquille, je sais ce que la mère doit à l'enfant, aussi bien que ce qu'elle doit au père : j'attendrai.

Je m'inclinai devant cette femme, et je lui baisai la main avec autant de respect que si elle eût été reine.

Pendant la nuit, les exilés partirent, et l'échafaud disparut; si bien que, lorsque le jour vint, il n'y avait plus trace de ce qui s'était passé, et que les indifférents purent croire qu'ils avaient fait un rêve.

XVIII

Ce n'était pas sans raison que la mère de Waninkoff et ses deux sœurs avaient désiré savoir à l'avance le jour de l'exécution ; les condamnés, en se rendant de Saint-Pétersbourg à Tobolsk, devaient passer à Iroslaw qui est situé à une soixantaine de lieues de Moscou, et la mère et les deux sœurs de Waninkoff espéraient voir leur fils et leur frère en passant.

Cette fois comme l'autre, Grégoire fut reçu avec empressement par les trois femmes; depuis plus de quinze jours, elles se tenaient prêtes et avaient leur passe-port. Aussi, ne s'arrêtant que pour remercier celle qui leur faisait tenir la précieuse nouvelle, elles montèrent, sans perdre un instant, dans une kabiltka, et, sans que personne sût où elles allaient, elles partirent pour Iroslaw.

On voyage vite en Russie ; parties le matin de Moscou, la mère et les deux sœurs arrivèrent dans la nuit à Iroslaw; là, elles apprirent avec une joie extrême que les traîneaux des exilés n'étaient point encore passés. Comme leur séjour dans cette ville pouvait inspirer des soupçons, et que d'ailleurs il était probable que, plus on serait en vue, plus les gardiens seraient inflexibles, la comtesse et ses filles remontèrent vers Mologa, et s'arrêtèrent dans un petit village. A trois verstes de ce lieu s'élevait une chaumière, où les exilés devaient relayer, les brigadiers ou les sergents qui accompagnent les condamnés recevant ordinairement l'ordre positif de ne jamais relayer dans une ville ou dans un village; puis elles disposèrent de distance en distance des serviteurs intelligents et actifs qui devaient les prévenir de l'approche des traîneaux.

Au bout de deux jours, un des agens de la comtesse accourut lui dire que la première section des condamnés, composée de cinq traîneaux, venait d'arriver à la chaumière, et que le brigadier qui la commandait avait, comme on s'en doutait, envoyé les deux hommes qui composaient son escorte chercher des chevaux au village. La comtesse monta aussitôt dans sa voiture, et, au grand galop de ses chevaux, se dirigea vers la cabane; arrivée à la chaumière, elle s'arrêta sur la grande route, et, à travers la porte entr'ouverte, plongea avidement ses yeux dans l'intérieur : Waninkoff ne faisait point partie de cette première troupe.

Au bout d'un quart d'heure, les chevaux arrivèrent; les condamnés remontèrent dans leurs traîneaux, et repartirent aussitôt à fond de train.

Une demi-heure après, le second convoi arriva et s'arrêta comme le premier à la chaumière; deux courriers partirent pour aller chercher des chevaux, et les ramenèrent, comme la première fois, au bout d'une demi-heure à peu près; puis, les chevaux attelés, les condamnés repartirent avec la même rapidité ; Waninkoff n'était pas encore de ce convoi.

Quel que fût le désir de la comtesse de revoir son fils, elle souhaitait qu'il arrivât le plus tard possible : plus il retarderait, plus il y avait de chance, en effet, que les chevaux de la prochaine poste manquassent, employés par les premières sections qui venaient de passer ; alors force serait d'en envoyer chercher à la ville, et la halte étant plus longue, favoriserait mieux les plans de la pauvre mère. Tout fut d'accord pour l'accomplissement de ce désir : trois sections passèrent encore sans que Waninkoff parût, et, à la dernière, la halte fut longue de plus de trois quarts d'heure ; on avait eu grand'peine à trouver à Iroslaw même un nombre suffisant de chevaux.

A peine ceux-ci venaient-ils de partir, que le sixième convoi arriva; en l'entendant venir, la mère et les deux sœurs se saisirent instinctivement les mains; il leur semblait qu'il y avait dans l'air quelque chose qui les prévenait de l'approche d'un frère et d'un fils.

Le convoi parut dans l'ombre, et un tremblement involontaire s'empara des pauvres femmes, qui se jetèrent en pleurant dans les bras l'une de l'autre, les deux filles la tête sur le sein de leur mère, la mère la tête levée vers le ciel.

Waninkoff descendit du troisième traîneau. Malgré l'obscurité de la nuit, malgré le costume ignoble qui le couvrait, la comtesse et ses deux filles le reconnurent; comme il s'avançait vers la chaumière, une des filles allait l'appeler par son nom;

la mère étouffa sa voix en lui mettant la main sur la bouche. Waninkoff entra avec ses compagnons dans la chaumière.

Les condamnés qui étaient dans les autres traîneaux descendirent à leur tour et entrèrent après lui. Le chef de l'escorte donna aussitôt l'ordre à deux de ses soldats d'aller chercher des chevaux; mais comme le paysan lui dit qu'aux relais ordinaires les chevaux devaient manquer, il recommanda au reste de ses gens de se répandre dans les environs et de s'emparer, au nom de l'empereur, de tous ceux qu'ils pourraient trouver. Les soldats obéirent, et il resta seul avec les condamnés.

Cet isolement, imprudent partout ailleurs, ne l'est pas en Russie; en Russie, le condamné est bien réellement condamné; dans l'empire immense soumis au czar, il ne peut pas fuir: avant d'avoir fait cent verstes, il serait immanquablement arrêté; avant d'avoir atteint une frontière, il serait mort cent fois de faim.

Le chef du convoi, le brigadier Ivan resta donc seul, se promenant de long en large devant la porte de la chaumière, battant son pantalon de cuir avec le fouet qu'il tenait à la main, et s'arrêtant de temps en temps pour regarder cette voiture dételée qui était là sur le grand chemin.

Au bout d'un instant, la porte s'ouvrit, trois femmes en descendirent comme trois ombres et s'approchèrent de lui: le brigadier s'arrêta, ne comprenant rien à ce que lui voulait cette triple apparition.

La comtesse s'approcha de lui les mains

jointes; ses deux filles restèrent un peu en arrière.

— Monsieur le brigadier, dit la comtesse, avez-vous quelque pitié dans l'âme?

— Que veut votre seigneurie? demanda le brigadier, reconnaissant à sa voix et à sa mise le rang de celle qui lui parlait.

— Je veux plus que la vie, monsieur; je veux revoir mon fils que vous conduisez en Sibérie.

— Cela est impossible, madame, répondit le brigadier; j'ai les ordres les plus sévères de ne laisser communiquer les condamnés avec personne, et il y va pour moi de la peine du knout si j'y manquais.

— Mais qui saura que vous y avez manqué, monsieur? s'écria la mère, tandis que les sœurs, qui étaient restées derrière elle, debout et immobiles comme deux statues, joignaient d'un mouvement lent et machinal leurs deux mains pour prier le sergent.

— Impossible, madame, imposible, dit le sergent.

— Ma mère! s'écria Alexis en ouvrant la porte de la chaumière; ma mère! c'est vous, j'ai reconnu votre voix! — Et il s'élança dans les bras de la comtesse.

Le brigadier fit un mouvement pour s'emparer du comte, mais en même temps, et d'un seul élan, les deux jeunes filles bondirent vers lui; l'une, tombant à ses pieds, lui embrassa les genoux, tandis que l'autre, le saisissant à bras le corps, lui montrait du regard le fils et la mère dans les bras l'un de l'autre, en lui disant:

— Oh! voyez! voyez!

C'était un brave homme que le brigadier Ivan. Il poussa un soupir, et les jeunes filles comprirent qu'il cédait.

— Ma mère, dit l'une d'elles à voix basse, il veut bien que nous embrassions notre frère.

Alors la comtesse se dégagea des bras de son fils, et présentant une bourse d'or au brigadier : — Tenez, mon ami, lui dit-elle, si vous risquez pour nous une punition, il faut bien que vous en ayez la récompense.

Le brigadier regarda un instant la bourse que lui tendait la comtesse; puis, secouant la tête, sans même la toucher, de peur que le contact n'amenât une tentation trop forte:

— Non, votre seigneurie, non, lui dit-il; si je manque à mon devoir, voilà mon excuse, — et il montra deux les jeunes filles en larmes. — Celle-là je puis la donner à mon juge, si mon juge ne la reçoit pas, eh bien ! je la donnerai à Dieu qui la recevra.

La comtesse se jeta sur la main de cet homme et la baisa. Les deux jeunes filles coururent à leur frère.

— Écoutez, dit le brigadier, comme nous en avons pour une bonne demi-heure à attendre les chevaux, et que vous ne pouvez ni entrer dans la chaumière où tous les autres condamnés vous verraient, ni rester sur la route tout le temps, montez tous les quatre dans votre voiture, fermez-en les stores, et au moins, comme personne ne vous verra, il y a chance qu'on ne sache pas la sottise que je fais.

—Merci, brigadier, dit Alexis les larmes aux yeux à son tour ; mais au moins prenez cette bourse.

—Prenez-la vous-même, mon lieutenant, répondit à voix basse Ivan, donnant par habitude au jeune homme un titre que celui-ci n'avait plus le droit de porter; prenez-la, là-bas vous en aurez plus besoin que moi ici.

—Mais, en arrivant, on me fouillera?

—Eh bien! je la prendrai alors, et je vous la rendrai après.

—Mon ami...

—Chut! chut! j'entends le galop d'un cheval! montez tous dans cette voiture, au nom du diable! et dépêchez-vous : c'est un de mes soldats qui revient du village où il n'a pas trouvé de chevaux; je vais le renvoyer dans un autre. Entrez! entrez!

Et le brigadier poussa Waninkoff dans la voiture où le suivirent sa mère et ses deux sœurs, puis il referma le panneau sur eux.

Ils restèrent une heure ainsi, heure mêlée de joie et de douleurs, de rires et de sanglots, heure suprême comme celle de la mort, car ils croyaient qu'ils allaient se quitter pour ne plus se revoir. Pendant cette heure, la mère et les sœurs de Waninkoff lui racontèrent comment elles avaient su douze heures plus tôt sa commutation de peine et vingt-quatre heures plus tôt son départ, de sorte que c'était à Louise qu'elles devaient de le revoir. Waninkoff leva les yeux au ciel et murmura son nom comme il eût murmuré le nom du sainte.

Au bout d'une heure, écoulée comme une seconde, le brigadier vint ouvrir la portière.

— Voici, dit-il, les chevaux qui arrivent de tous côtés; il faut vous séparer.

— Oh! encore quelques instants, demandèrent les femmes d'une seule voix, tandis qu'Alexis, trop fier pour implorer un inférieur, restait muet.

— Pas une seconde, ou vous me perdez, dit Ivan.

— Adieu, adieu, adieu! murmurèrent confusément des voix et des baisers.

— Écoutez, dit le brigadier, ému malgré lui, voulez-vous vous revoir une fois encore?

— Oh! oui, oui.

— Prenez les devants, allez attendre au prochain relai; il fait nuit, personne ne vous verra, et vous aurez encore une heure. Je ne serai pas plus puni pour deux fois que pour une.

— Oh! vous ne serez pas puni du tout

s'écrièrent les trois femmes, et, au contraire, Dieu vous récompensera.

— Hum! hum! répondit d'un air de doute le brigadier en tirant de la voiture presque malgré lui le prisonnier, qui faisait quelque résistance. Mais bientôt, entendant lui-même le galop des chevaux qui revenaient, Alexis quitta vivement sa mère, et alla s'asseoir en dehors de la porte de la cabane sur une pierre, où, aux yeux de ses compagnons, il pouvait avoir l'air d'être resté pendant tout le temps de son absence.

La voiture de la comtesse, dont les chevaux étaient reposés, repartit avec la vitesse de l'éclair, et ne s'arrêta qu'entre Iroslaw et Kostroma, près d'une cabane isolée comme la première, et d'où les nouveaux arrivants virent repartir la section qui précédait celle du comte Alexis. Elles firent aussitôt dételer la voiture, et envoyèrent leur cocher chercher des chevaux, en lui ordonnant de s'en procurer, à quelque prix que ce fût. Quant à elles, fortes de l'espérance de revoir encore une fois leur fils et leur frère, elles restèrent seules sur la grande route et attendirent.

L'attente fut cruelle. Dans son impatience, la comtesse avait cru se rapprocher de son enfant en hâtant la course des chevaux, de sorte qu'elle avait gagné près d'une heure sur les traîneaux. Cette heure fut un siècle; mille pensées diverses, mille craintes confuses vinrent briser tour à tour les pauvres femmes. Enfin, elles commençaient à soupçonner que le brigadier s'était repenti de la promesse imprudente qu'il avait faite et avait changé de route, lorsqu'elles entendirent le roulement des traîneaux et le fouet des cochers. Elles mirent la tête à la portière, et virent distinctement le convoi qui s'approchait dans l'obscurité. Leur cœur, pris comme dans un étau de fer, se desserra.

Les choses se passèrent à ce relai avec le même bonheur qu'à l'autre. Trois quarts d'heure furent encore accordés, comme par miracle, à ceux qui avaient cru ne plus se revoir que dans le ciel. Pendant ces trois quarts d'heure ; la pauvre famille arrêta tant bien que mal une espèce de correspondance ; puis, comme dernier souvenir, la comtesse donna à son fils un anneau qu'elle portait au doigt. Frère et sœur, fils et mère, s'embrassèrent une dernière fois, car on était trop avancé dans la nuit pour que le brigadier permît qu'on tentât une troisième épreuve. D'ailleurs, cette troisième épreuve devenait si dangereuse, qu'il eût été lâche de la demander. Alexis remonta dans le traîneau, qui l'emmenait au bout du monde, par-delà les monts Ourals, du coté du lac Tchany; puis toute la file sombre passa près de la voiture où pleuraient la mère et les deux filles, et s'enfonça bientôt dans l'obscurité.

La comtesse retrouva à Moscou Grégoire, à qui elle avait dit de l'y attendre. Elle lui remit un billet pour Louise, que Waninkoff, pendant la seconde station, avait écrit au crayon sur les tablettes d'une de ses sœurs. Il ne contenait que ces quelques lignes :

« Je ne m'étais pas trompé : tu es un

ange. Je ne puis plus rien pour toi dans ce monde que t'aimer comme une femme et t'adorer comme une sainte. Je te recommande notre enfant.

« Adieu. « ALEXIS. »

A ce billet était jointe une lettre de la mère de Waninkoff, qui invitait Louise à la venir trouver à Moscou, où elle l'attendait comme une mère attend sa fille.

Louise baisa le billet d'Alexis; puis, secouant la tête en lisant la lettre de sa mère :

— Non, dit-elle en souriant de ce sourire triste qui n'appartenait qu'à elle, ce n'est point à Moscou que j'irai : ma place est ailleurs.

XIX

En effet, à compter de ce moment, Louise poursuivit avec persévérance le projet que le lecteur a déjà deviné sans doute, c'est-à-dire d'aller rejoindre le comte Alexis à Tobolsk.

Louise, comme je l'ai dit, était enceinte, et deux mois à peine la séparaient encore de ses couches ; cependant, comme aussitôt après ses relevailles elle voulait partir, elle ne perdit pas une minute pour ses préparatifs.

Ces préparatifs consistaient à convertir en argent tout ce qu'elle possédait, magasin, meubles, bijoux. Comme on savait la nécessité où elle se trouvait, elle vendit tout cela le tiers à peine du prix; et étant, grâce à cette vente, parvenue à réunir trente mille roubles à peu près, elle quitta sa maison de la Perspective et se retira dans un petit appartement situé sur le canal de la Moïka.

Quant à moi, j'avais eu recours à M. Gorgoli, mon éternelle providence, et il m'avait promis, le moment venu, d'obtenir de l'empereur la permission pour Louise de rejoindre Alexis. Le bruit de ce projet s'était répandu dans Saint-Pétersbourg, et chacun admirait le dévouement de la jeune

Française; mais chacun disait aussi qu'au moment où il lui faudrait partir, le cœur lui manquerait. Il n'y avait que moi qui connaissais Louise et qui savais le contraire.

J'étais au reste son seul ami, ou plutôt j'étais mieux que son ami, j'étais son frère ; tous les moments de liberté que j'avais, je les passais près d'elle, et tout le temps que nous étions ensemble, nous ne parlions que d'Alexis.

Parfois je voulais la faire revenir sur ce projet que je traitais de folie. Alors elle me prenait les mains, et, me regardant avec son sourire triste : Vous savez bien, me disait-elle, que, quand je n'irais point par amour, j'y devrais aller par devoir. N'est-ce point par dégoût de la vie, n'est-ce point parce que je ne répondais pas à ses lettres qu'il est entré dans cette folle conspiration ? Si je lui avais dit six mois plus tôt que je l'aimais, il aurait fait meilleur cas de sa vie, et aujourd'hui il ne serait pas exilé. Vous voyez bien que je suis aussi coupable que lui, et qu'il est juste par conséquent que je supporte la même peine. — Alors, comme mon cœur me disait qu'à sa place j'agirais comme elle, je lui répondais : Allez donc, et que la volonté de Dieu soit faite!

Vers les premiers jours de septembre, Louise accoucha d'un fils. Je voulais qu'elle écrivît à la comtesse de Waninkoff pour lui annoncer cette nouvelle; mais elle me répondit : Aux yeux de la société, mon enfant n'a pas de nom, et par conséquent pas de famille. Si la mère de Waninkoff le réclame, je le lui donnerai, car je ne veux pas exposer mon enfant à un pareil voyage dans un pareil moment; mais je ne le lui offrirai certes pas, pour qu'elle le refuse. — Et elle appelait la nourrice pour embrasser son enfant et pour me montrer combien cet enfant ressemblait à son père.

Mais ce qui devait arriver arriva. La mère Waninkoff apprit l'accouchement de Louise et lui écrivit qu'aussitôt remise, elle l'attendait avec son fils. Cette lettre eût emporté ses dernières hésitations si elle eût hésité encore : le sort seul de son enfant l'inquiétait; désormais elle était tranquille sur lui, elle n'avait plus rien à attendre.

Cpendant, quel que fût le désir qu'eût Louise de partir le plus tôt possible, toutes les émotions qu'elle avait éprouvées pendant sa grossesse avaient dérangé sa santé, de sorte que sa convalescence était tardive. Ce n'est pas que depuis long-temps elle ne fût levée, mais je ne me laissais pas prendre à ces semblants de force. J'interrogeais le médecin ; le médecin me répondait que toute la vigueur de la malade était dans sa volonté ; mais que réellement elle était encore trop faible pour se mettre en voyage. Tout cela ne l'eût point empêchée de partir si elle avait été maîtresse de quitter Saint-Pétersbourg ; mais la permission ne pouvait lui venir que par moi, et il fallait bien qu'elle fît ce que je voulais.

Un matin j'entendis frapper à la porte de ma chambre, et en même temps la voix de Louise m'appela. Je crus qu'il lui était arrivé quelque nouveau malheur. Je me hâtai de passer un pantalon et ma robe de chambre, et j'allai lui ouvrir; elle se jeta, la figure toute radieuse, entre mes bras.

— Il est sauvé, me dit-elle.

— Sauvé, qui cela? demandai-je.

— Lui! lui! Alexis!

— Comment, sauvé? mais c'est impossible.

— Tenez, me dit-elle, et elle me remit une lettre de l'écriture du comte, et comme je la regardais avec étonnement: Lisez, lisez, continua-t-elle, et elle tomba dans un fauteuil, accablée sous le fardeau de sa joie. Je lus:

« MA CHÈRE LOUISE,

« Crois en celui qui te remettra cette lettre comme en moi-même, car c'est plus qu'un ami, c'est un sauveur.

« Je suis tombé malade, de fatigue en route, et me suis arrêté à Perm où le bonheur a voulu que je reconnusse dans le frère du geôlier un ancien serviteur de ma famille. Sollicité par lui, le médecin a déclaré que j'étais trop souffrant pour continuer ma route, et il a été décidé que je passerais l'hiver dans l'*ostrog** de Perm. C'est de là que je t'écris cette lettre.

«Tout est préparé pour ma fuite; le geôlier et son frère fuiront avec moi; mais il faut que je les indemnise et de ce qu'ils perdront pour moi, et des dangers qu'ils courront en m'accompagnant. Remets donc au porteur non-seulement tout ce que tu auras d'argent, mais encore tout ce que tu auras de bijoux.

* Nom des prisons destinées aux condamnés politiques.

« Je sais comme tu m'aimes, et j'espère que tu ne marchanderas pas avec ma vie.

« Aussitôt que je serai en sûreté, je t'écrirai pour que tu viennes me rejoindre.

« Comte WANINKOFF. »

— Eh bien? lui dis-je, après avoir relu cette lettre une seconde fois.

— Eh bien? me répondit-elle, vous ne voyez donc pas?

— Si fait, je vois un projet de fuite.

— Oh! il réussira.

— Et qu'avez-vous fait?

— Vous le demandez?

— Comment! m'écriai-je, vous avez donné à un inconnu...

— Tout ce que j'avais, Alexis ne me disait-il pas de croire en cet inconnu comme en lui-même?

— Mais, lui demandai-je en la regardant fixement, et en laissant tomber avec lenteur chaque parole ; mais êtes-vous bien sûre que cette lettre soit d'Alexis ?

Ce fut elle, à son tour, qui me regarda.

— Et de qui serait-elle donc ? quel serait le misérable assez lâche pour se faire un jeu de ma douleur ?

— Et si cet homme était ?... tenez, je n'ose pas le dire ; j'ai un pressentiment.... je tremble.

— Parlez, dit Louise en pâlissant à son tour.

— Si cet homme était un escroc qui eût contrefait l'écriture du comte ?

Louise jeta un cri et m'arracha la lettre des mains.

— Oh ! non, non, s'écria-t-elle parlant tout haut et comme pour se rassurer elle-même, oh! non. Je connais trop bien son écriture, et je ne m'y serais pas trompée.

Et cependant, tout en relisant la lettre, elle pâlissait.

— N'avez-vous donc pas une autre let- de lui sur vous? lui demandai-je.

— Tenez, me dit-elle, voilà son billet écrit au crayon.

L'écriture était bien la même, autant qu'on en pouvait juger, et cependant il y avait dans l'écriture une espèce de tremblement qui dénonçait l'hésitation.

— Croyez-vous, lui dis-je alors, que le comte se serait adressé à vous?

— Et pourquoi pas à moi? N'est-ce pas moi qui l'aime le mieux au monde?

— Oui, sans doute, pour demander de l'amour, pour demander du dévouement, c'est à vous qu'il se serait adressé; mais pour demander de l'argent, c'est à sa mère.

— Mais ce que j'ai n'est-il pas à lui? ce que je possède ne vient-il pas de lui? me répondit Louise avec une voix qui s'altérait de plus en plus.

— Oui, sans doute, tout cela est de lui, oui, tout cela vient de lui; mais, ou je ne connais pas le comte Waninkoff, ou, je vous le répète, il n'a pas écrit cette lettre.

— Oh! mon Dieu! mon Dieu! Mais ces trente mille roubles étaient ma seule fortune, ma seule ressource, mon seul espoir!

— Comment signait-il les lettres qu'il vous écrivait habituellement? lui demandai-je.

— Alexis toujours, et tout simplement.

— Celle-ci, vous le voyez, est signée comte Waninkoff.

— C'est vrai, dit Louise atterrée.

— Et vous ne savez ce qu'est devenu cet homme?

— Il m'a dit qu'il était arrivé hier soir à Saint-Pétersbourg, et qu'il repartait pour Perm à l'instant même.

Il faut faire votre déclaration à la police. Oh! si c'était encore M. de Gorgoli qui fût grand-maître!

— A la police?

— Sans doute.

Et si nous nous trompions, me dit Louise; si cet homme n'était pas un escroc, si cet homme devait véritablement sauver Alexis? Alors dans mon doute, dans la crainte de perdre quelques misérables milliers de roubles, j'arrêterais donc sa fuite? je serais donc une seconde fois cause de son exil éternel? Oh ! non, mieux vaut courir les chances. Quant à moi, je ferai comme je pourrai; ne vous inquiétez pas de moi. Ce que je voudrais savoir seulement, c'est s'il est bien réellement à Perm.

— Écoutez, lui dis-je ; j'ai entendu dire que les soldats qui avaient servi d'escorte aux condamnés étaient revenus il y a quelques jours. Je connais un lieutenant de la gendarmerie; je vais aller le trouver et m'informer auprès de lui. Vous, attendez-moi ici.

— Non, non, je vais vous accompagner.
— Gardez-vous-en bien. D'abord vous n'êtes point assez forte pour sortir encore, et c'est déjà une horrible imprudence que celle que vous avez faite; et puis, peut-être

m'empêcheriez-vous de savoir ce que je saurai probablement sans vous.

— Allez donc et revenez vite; songez que je vous attends, et pourquoi je vous attends.

Je passai dans une autre chambre et j'achevai de m'habiller à la hâte; puis, comme j'avais fait chercher un droschki, je descendis aussitôt, et dix minutes après j'étais chez le lieutenant de gendarmerie Solowieff, qui était un de mes écoliers.

On ne m'avait pas trompé, l'escorte était de retour depuis trois jours; seulement, le lieutenant qui la commandait et duquel j'aurais pu tirer des renseignements précis, avait obtenu un congé de six semaines qu'il était allé passer dans sa famille à Moscou. En voyant à quel point son absence me contrariait, Solowieff se mit à ma disposition, pour quelque chose que ce fût, avec tant d'abandon, que je n'hésitai pas un instant à lui avouer le désir que j'éprouvais d'avoir des nouvelles positives de Waninkoff; il me dit alors que c'était la chose la plus facile, et que le brigadier qui avait commandé la section dont faisait partie Waninkoff, était de sa compagnie. En même temps, il donna l'ordre à son mougick d'aller prévenir le brigadier Ivan qu'il voulait lui parler.

Dix minutes après, le brigadier entra : c'était une de ces bonnes figures soldatesques, moitié sévère, moitié joviale, qui ne rient jamais tout-à-fait, mais qui ne cessent jamais de sourire. Quoique j'ignorasse alors ce qu'il avait fait pour la comtesse et ses filles, je fus, à la première vue, prévenu en sa faveur; aussitôt qu'il parut, j'allai à lui :

— Vous êtes le brigadier Ivan? lui demandai-je.

— Pour servir votre excellence, me répondit-il.

— C'est vous qui commandiez la sixième section?

— C'est moi-même.

— Le comte Waninkoff faisait partie de cette section?

— Hum! hum! fit le brigadier ne sachant pas trop quel serait le résultat de cette interrogation; je vis son embarras.

— Ne craignez rien, lui dis-je, vous parlez à un ami qui donnerait sa vie pour lui; apprenez-moi donc la vérité, je vous en supplie?

— Que voulez-vous savoir? demanda le brigadier toujours sur la défensive.

— Le comte Waninkoff a-t-il été malade en route?

— Pas un instant.

— S'est-il arrêté à Perm?

— Pas même pour y changer de chevaux.

— Ainsi, il a continué sa route?

— Jusqu'à Koslowo, où, je l'espère, il est à cet heure en aussi bonne santé que vous et moi.

— Qu'est-ce que Koslowo?

— Un joli petit village situé sur l'Irtich, à vingt lieues à peu près au-delà de Tobolsk.

— Vous en êtes sûr?

— Pardieu, je le crois bien, le gouverneur m'a donné un reçu que j'ai remis, en arrivant avant-hier, à son excellence M. le grand-maître de la police.

— Et l'histoire de la maladie et du séjour à Perm est une fable?

— Il n'y a pas un mot de vrai.

— Merci, mon ami.

Maintenant que j'étais sûr de mon fait, j'allai chez M. de Gorgoli, et je lui racontai tout ce qui s'était passé.

— Et vous dites, répondit-il, que cette jeune fille est décidée à aller rejoindre son amant en Sibérie?

— Oh! mon Dieu, oui, monseigneur.

— Quoiqu'elle n'ait plus d'argent?

— Quoiqu'elle n'ait plus d'argent.

— Et bien! allez lui dire de ma part qu'elle ira.

Je repris le chemin de la maison, et je retrouvai Louise dans ma chambre.

— Et bien ? me demanda-t-elle dès qu'elle m'aperçut.

— Et bien! lui dis-je, il y a du bon et du mauvais dans ce que je vous rapporte : vos trente mille roubles sont perdus, mais le comte n'a pas été malade ; le prisonnier est à Koslowo, d'où il n'a pas de chances de s'enfuir, mais vous obtiendrez la permission d'aller l'y rejoindre.

— C'est tout ce que je voulais, dit Louise; seulement, ayez-moi cette permission le plus tôt possible.

Je le lui promis, et elle s'en alla à moitié consolée, tant sa volonté était puissante et sa résolution arrêtée.

Il va sans dire qu'en la quittant, je mis à sa disposition tout ce que j'avais, c'est-à-dire deux ou trois mille roubles, attendu que, un mois auparavant, ignorant que j'aurais besoin d'argent, j'avais envoyé en France tout ce que j'avais mis de côté depuis mon arrivée à Saint-Pétersbourg.

Le soir, pendant que j'étais chez Louise, on annonça un aide-de-camp de l'empereur.

Il venait lui apporter une lettre d'audience de sa majesté pour le lendemain, onze heures du matin, au palais d'Hiver.

Comme on le voit, M. de Gorgoli avait tenu sa parole et au-delà.

XX

Quoique la lettre d'audience fût déjà un heureux présage, Louise n'en passa pas moins une nuit pleine d'inquiétudes et de craintes. Je restai près d'elle jusqu'à une heure du matin, la rassurant de mon mieux, et lui racontant tout ce que je savais de traits de bonté de l'empereur Nicolas; enfin je la quittai un peu plus tranquille, après lui avoir promis de revenir la prendre le lendemain matin pour la conduire au palais. J'étais chez elle à neuf heures.

Elle était déjà prête; sa mise était celle qui convient à une suppliante : elle était vêtue de noir, car elle portait le deuil de son amant exilé, et elle n'avait pas un seul bijou. La pauvre enfant, comme on se le rappelle, avait tout vendu, jusqu'à son argenterie.

L'heure venue, nous partîmes; je restai dans la voiture; elle descendit, présenta sa lettre d'audience, et non seulement on la laissa passer, mais encore un officier se détacha pour la conduire, selon l'ordre qu'il avait reçu. Arrivé dans le cabinet de l'empereur, il la laissa seule, en lui disant d'attendre.

Il se passa alors dix minutes, pendant

lesquelles Louise me dit qu'elle avait failli deux ou trois fois se trouver mal; enfin un pas fit craquer le parquet de la chambre voisine, la porte s'ouvrit, et l'empereur parut.

A sa vue, Louise ne sut ni avancer, ni reculer, ni parler, ni se taire; elle ne sut que tomber à genoux, les mains jointes. L'empereur vint à elle:

— C'est la seconde fois que je vous rencontre, mademoiselle, et chaque fois c'est à genoux que je vous ai trouvée. Relevez-vous, je vous prie.

— Oh! c'est que chaque fois, sire, j'avais une grâce à vous demander, répondit Louise. La première fois c'était sa vie, et cette fois c'est la mienne.

— Eh bien alors! dit l'empereur en souriant, le succès de votre première demande doit vous enhardir à la seconde. Vous voulez le rejoindre, m'a-t-on dit; et c'est cette permission que vous venez me demander?

— Oui, sire, c'est cette grâce.

— Vous n'êtes cependant ni sa sœur, ni sa femme?

— Je suis son... amie... sire; et il doit avoir besoin d'une amie.

— Vous savez qu'il est exilé pour la vie?

— Oui, sire.

— Par-delà Tobolsk.

— Oui, sire.

— C'est-à-dire dans un pays où il y a à peine quatre mois de soleil et de verdure, et où tout le reste de l'année appartient à la neige et à la glace.

— Je le sais, sire.

— Vous savez qu'il n'a plus ni rang, ni

fortune, ni titre à partager avec vous, et qu'il est plus pauvre que le mendiant à qui vous avez fait l'aumôme en venant ce matin à ce palais?

— Je le sais, sire.

— Mais vous, vous avez sans doute quelque argent, quelque fortune, quelque espérance?

— Hélas! sire, je n'ai plus rien. Hier j'avais 30,000 roubles, produit de tout ce que je possédais; on a su que j'avais cette petite fortune, et sans respect pour la cause à laquelle je la consacrais, on me l'a volée, siré.

— Avec une fausse lettre de lui, je sais cela. C'est plus qu'un vol, c'est un sacrilège. Si celui qui l'a commis tombe entre les mains de la justice, il sera puni, je vous le promets, comme s'il avait dérobé le tronc des pauvres dans une église. Mais il vous reste un moyen de remplacer facilement cette somme.

— Lequel, sire ?

— C'est de vous adresser à sa famille. Sa famille est riche, elle vous aidera.

— J'en demande pardon à votre majesté, mais je ne désire d'autre aide que celle de Dieu.

— Alors vous comptez partir ainsi ?

— Si j'en obtiens la permission de votre majesté.

— Mais comment cela, avec quelles ressources ?

— En vendant ce qui me reste, je puis réunir quelques centaines de roubles.

— N'avez-vous point d'amis qui puissent vous aider ?

— Si fait, sire, mais je suis fière, et je ne veux pas emprunter une somme que je ne pourrai rendre.

— Pourtant, avec vos deux ou trois cents roubles, c'est à peine si vous pourrez faire le quart du chemin en voiture : savez-vous la distance qu'il y a d'ici à Tobolsk, mon enfant?

— Oui, sire, il y a trois mille quatre cents verstes, à peu près huit cents lieues de France.

— Comment parcourrez-vous les cinq ou six cents lieues qui vous resteront à faire?

— Sire, il y a des villes sur la route. Eh bien! je n'ai point oublié mon ancien métier; je m'arrêterai dans chaque ville, je me présenterai dans les maisons les plus riches, je dirai la cause de mon voyage, on aura pitié de moi, on me fera travailler, et, quand j'aurai gagné assez pour continuer ma route, eh bien! je me remettrai en chemin.

— Pauvre femme! dit l'empereur attendri. Mais avez-vous songé aux difficultés matérielles d'un pareil voyage, même pour les gens riches? Par où comptez-vous passer?

— Par Moscou, sire.

— Et après?

— Après, je ne sais plus..... je demanderai..... Je sais seulement que Tobolsk est du côté de l'est.

— Eh bien! dit l'empereur, en déployant sur une table de travail la carte de son immense empire; venez, et regardez!

— Louise s'approcha.

— Voici Moscou, jusque-là tout ira bien;

— voici Perm, jusqu'à Perm tout ira bien encore; mais après Perm sont les monts Ourals, c'est-à-dire la fin de l'Europe. Vous trouverez une ville encore, sentinelle perdue qui veille aux frontières de l'Asie, c'est Ekaterynbourg; mais cette ville franchie, voyez-vous, ne comptez plus sur rien, et cependant vous avez encore trois cents lieues à faire. Voici des villages, voyez leur distance; voici des fleuves, voyez leur largeur; pas d'auberges sur la route, pas de ponts sur les rivières; des bacs quelquefois, des gués toujours, mais des gués qu'il faut connaître, ou sinon ils dévorent voyageurs, chevaux, bagages.

— Sire, répondit Louise avec le calme de la résolution, lorsque j'arriverai à ces fleuves, ils seront déjà glacés, car on me dit que de ce côté l'hiver est plus précoce encore qu'à Saint-Pétersbourg.

— Comment! s'écria l'empereur, c'est maintenant que vous voulez partir? c'est pendant l'hiver que vous irez le rejoindre?

— Sire, c'est pendant l'hiver que la solitude doit être plns terrible.

— Mais c'est impossible, et vous êtes folle.

— C'est impossible, si votre majesté le veut, car nul ne peut désobéir à votre majesté.

— Non, l'obstacle ne viendra pas de moi; l'obstacle viendra de vous, de votre raison; l'obstacle viendra des difficultés mêmes que vous opposera votre projet.

— Alors, sire, je partirai dès demain.

— Mais si vous succombez en route?

— Si je succombe, sire, il ignorera toujours que je suis morte en allant le rejoindre, et il croira que je ne l'aimais point, voilà tout; si je succombe, il n'aura rien perdu, car je ne lui suis rien, ni mère, ni fille, ni sœur; si je succombe, il aura perdu une maîtresse, voilà tout, c'est-à-dire une femme à laquelle la société ne donne aucun droit, et qui doit remercier le monde quand le monde n'a pour elle que de l'indifférence. Si j'arrive à lui, au contraire, sire, je serai tout pour lui, mère, sœur, famille. Je serai plus qu'une femme, je serai un ange descendu du ciel; alors nous serons deux pour souffrir, et chacun de nous ne sera exilé qu'à moitié. Vous voyez bien, sire, qu'il faut que je le rejoigne, et cela le plus tôt possible.

— Oui, vous avez raison, dit l'empereur en la regardant, et je ne m'oppose plus à votre départ. Seulement, autant qu'il est en moi, je veux veiller sur vous pendant la route, me le permettez-vous?

— Oh! sire, s'écria Louise, je vous en remercie à genoux.

L'empereur sonna, un aide-de-camp parut.

— A-t-on donné l'ordre au brigadier Ivan de se rendre ici? demanda l'empereur.

— Il attend depuis une heure les ordres de votre majesté, répondit l'aide-de-camp.

— Faites-le entrer.

L'aide-de-camp s'inclina et sortit; cinq minutes après, la porte se rouvrit, et notre ancienne connaissance, le brigadier Ivan, fit un pas dans le cabinet, puis s'arrêta debout et immobile, la main gauche à la couture de son pantalon, la main droite à son schako;

— Approche, lui dit l'empereur d'une voix sévère.

Le brigadier fit quatre pas en silence, et reprit sa première position.

— Encore.

Le brigadier refit quatre autres pas, et se trouva séparé seulement de l'empereur par la table de travail.

— Tu es le brigadier Ivan?

— Oui, sire.

— Tu commandais l'escorte de la sixième section?

— Oui, sire.

— Tu avais reçu l'ordre de ne laisser communiquer les prisonniers avec personne?

Le brigadier essaya de répondre, mais il ne put que balbutier les mots qu'il avait prononcés d'une voix si ferme les deux premières fois ; l'empereur ne parut pas s'apercevoir de cette hésitation et continua.

— Tu avais dans ta section, et parmi tes prisonniers, le comte Alexis Waninkoff ?

Le brigadier pâlit et fit un signe de tête affirmatif.

— Eh bien ! malgré la défense que tu avais reçue, tu lui as laissé voir ses sœurs et sa mère, une première fois entre Mologa et Iroslaw, et une seconde fois entre Iroslaw et Kostroma.

Louise fit un mouvement pour venir au secours du pauvre brigadier, mais l'empereur étendit la main vers elle en signe de commandement ; quant au pauvre Ivan, il fut forcé de s'appuyer sur la table. L'empereur garda un instant le silence, puis il continua :

— En désobéissant ainsi aux ordres reçus, tu savais cependant bien à quoi tu t'exposais.

Le brigadier était incapable de répondre. Louise en eut une telle pitié, qu'au risque de déplaire à l'empereur, elle joignit les mains en disant:

— Au nom du ciel, grâce pour lui, sire!

— Oui, oui, sire, murmura le pauvre diable, grâce! grâce!

— Eh bien! je te l'accorde, ta grâce.

— Le brigadier respira; Louise jeta un cri de joie.

— Je te l'accorde à la prière de madame, continua l'empereur en montrant Louise, mais à une condition.

— Laquelle, sire? s'écria Ivan. Oh! parlez, parlez!

— Où as-tu conduit le comte Alexis Waninkoff?

— A Koslowo.

— Tu vas reprendre la route que tu viens de faire, et tu conduiras madame auprès de lui.

— Oh! sire! s'écria Louise, qui commençait à comprendre d'où venait la feinte sévérité de l'empereur.

— Tu lui obéiras en tout, excepté lorsqu'il s'agira de sa sûreté.

— Oui, sire.

— Voilà un ordre, continua l'empereur en signant un papier tout préparé et sur lequel le cachet était déjà mis; cet ordre met à ta diposition hommes, chevaux et voitures. Maintenant tu me réponds d'elle sur ta tête.

— Je vous en réponds, sire.

— Et quand tu reviendras, continua l'empereur, si tu me rapportes une lettre de madame qui me dise qu'elle est arrivée sans accident et qu'elle est contente de toi, tu es maréchal-des-logis.

Ivan tomba à genoux, et, oubliant la discipline du soldat pour reprendre son langage d'homme du peuple:

— Merci, père, lui dit-il.

Et l'empereur, comme il avait l'habitude de le faire pour le dernier mougick, lui donna sa main à baiser.

Louise fit un mouvement pour se mettre à genoux de l'autre côté et baiser son autre main; l'empereur l'arrêta.

— C'est bien, lui dit-il; vous êtes une sainte et digne femme. J'ai fait tout ce que j'ai pu pour vous. Maintenant, que Dieu vous garde!

— Oh! sire, s'écria Louise, vous êtes

pour moi la Providence visible. Merci merci. Mais moi, moi, que puis-je faire?

— Quand vous prierez pour votre enfant, dit l'empereur, priez en même temps pour les miens.

Et il lui fit un signe de la main, et sortit.

En rentrant chez elle, Louise trouva une petite cassette qu'on avait apportée de la part de l'impératrice.

Elle contenait les 50,000 roubles.

XXI

Il fut décidé que Louise partirait le lendemain pour Moscou, où elle devait laisser son enfant entre les mains de la comtesse Waninkoff et de ses filles. J'obtins de mon côté d'accompagner Louise jusqu'à cette seconde capitale de la Russie, que je désirais visiter depuis si long-temps. Louise donna l'ordre à Ivan de se procurer une voiture pour le lendemain à huit heures du matin.

La voiture fut prête à heure fixe, et cela me donna une haute idée de la ponctualité d'Ivan. Je jetai un coup-d'œil sur l'équipage et j'en remarquai avec surprise la construction à la fois solide et légère ; mais mon étonnement cessa lorsque j'eus reconnu dans un coin du panneau la marque des écuries impériales. Ivan avait usé du droit que lui donnait l'ordre de l'empereur, et il avait pris ce qu'il avait trouvé de mieux dans les voitures de suite.

Louise ne se fit pas attendre. Elle était radieuse, tous les dangers avaient disparu, toutes les craintes étaient évanouies. La veille, elle était décidée à faire la route sans aucune ressource et à pied s'il le fallait ; aujourd'hui, elle accomplissait ce projet avec toutes les facilités du luxe et sous la protection de l'empereur. La voiture était toute garnie de fourrures, car, quoiqu'il ne fût point encore tombé de neige, l'air était déjà froid, surtout la nuit. Nous nous établîmes; Louise et moi, dans l'intérieur. Ivan se mit avec le postillon sur le siége, et, sur le signal que donna en sifflant le brigadier, nous partîmes comme le vent.

Quand on n'a pas voyagé en Russie, on ne peut avoir aucune idée de la vitesse. Il y a sept cent vingt-sept verstes, environ cent quatre-vingt-dix lieues de France, de Saint-Pétersbourg à Moscou, et on les franchit, pour peu que l'on paie bien les postillons, en quarante heures. Or, expliquons ce que c'est que bien payer les postillons en Russie.

Le prix de chaque cheval est de cinq centimes par quart de lieue, ce qui fait à peu près sept à huit sous de France par poste. Voilà pour les maîtres des chevaux, et de ce point nous n'avions pas même à nous occuper, nous voyagions aux frais de l'empereur.

Quant au postillon, son pour-boire, qui n'est pas dû, est laissé à la générosité du voyageur; 80 kopecks par station de vingt-cinq à trente verstes, c'est-à-dire pour une distance de six à sept lieues, lui paraissent une somme si magnifique, qu'il ne manque pas de crier de loin en arrivant au relai : — Alerte, alerte, j'amène des aigles. Ce qui indique qu'il faut aller avec la rapidité de l'oiseau dont il emprunte le nom pour désigner le splendide voyageur; si, au contraire, il est mécontent, et si ceux qu'il conduit ne lui donnent que peu de chose ou rien, il annonce avec une grimace expressive, et en arrivant au petit trot devant la poste, qu'il ne conduit que des corbeaux.

Quinze ou vingt paysans, dont les chevaux sont prêts à marcher, se tiennent toujours devant la station, guettant l'arrivée de quelque chaise de poste ou de quelque traîneau, et jouant en l'attendant, car le paysan russe est joueur, mais joueur à la manière des enfants, pour s'amuser et non pour gagner. A peine une chaise de poste paraît-elle que tout jeu cesse, et si elle renferme des *aigles*, chacun se précipite, on détèle les chevaux avant même qu'ils soient arrêtés, on s'empare du trait de droite, qui est tout simplement une corde; chacun saisit la corde tour à tour, mettant sa main à côté de la main de son camarade, jusqu'à ce que la corde ait été empoignée trois ou quatre fois par les mêmes mains dans toute sa longueur, et celui dont la main arrive à l'extrémité de la corde, est désigné pour conduire la voiture de cette poste à l'autre. Aussitôt il court chercher ses chevaux au milieu des félicitations de ses camarades; chacun lui donne un coup de main pour atteler, et, au bout d'une seconde, le nouveau relai s'élance sur la route. Si, au contraire, ce sont des *corbeaux* qui arrivent, tout se passe d'une façon plus calme, quoique toujours de la même manière; seulement le jeu change, car c'est celui qui doit les conduire qui devient le perdant; alors chacun use d'adresse en empoignant la corde, afin de ne pas tomber au sort, et celui que le hasard désigne s'éloigne la tête basse pour aller chercher les chevaux, au milieu des huées de ses compagnons; puis, les chevaux attelés, il part au petit trop.

Mais une fois parti, quelle que soit la modicité du pour-boire, le cocher s'anime lui-même en parlant à ses chevaux, car jamais il ne les frappe, et c'est avec la voix seulement qu'il presse ou ralentit leur marche. Il est vrai que rien n'est plus flatteur que ses éloges, comme aussi rien n'est plus humiliant que ses reproches; s'ils vont bien, ses chevaux sont des hirondelles, des colombes; il les appelle ses frères, ses bien-aimés, ses petits pigeons; s'ils vont mal, ce sont des tortues, des limaces, des escargots, et il leur promet une plus mauvaise litière encore dans l'autre monde que dans celui-ci; menace qui leur rend ordinairement tout leur courage, et grâce à laquelle ils repartent avec la rapidité du vent.

Une fois lancé, rien n'arrête le cocher russe, sa course est une course au clocher : fossé, tertre, fascine, arbre renversé, il franchit tout, s'il vous verse, il se ramasse, sans même s'inquiéter de ce qu'il a lui-même, il accourt à la portière, la figure riante ; son premier mot est : *Nitchevaw*, ce n'est rien, — et le second : *Nebos*, n'ayez pas peur. Quels que soient votre rang et votre qualité, la formule ne change en rien ; quelle que soit la gravité de votre chute, la figure qui se présente à votre portière est la même, toujours souriante.

Si l'accident est moindre, il est réparé en un instant. Est-ce un essieu qui casse, le premier arbre qui se rencontre sur la route tombe sous la petite hache que le paysan russe porte presque toujours avec lui, et qui remplace pour lui tous les instruments. Au bout d'un instant, l'arbre est coupé, façonné, équarri, il a remplacé l'essieu, et la voiture marche. Est-ce un trait qui se rompt de manière à ne pouvoir se renouer, quelques secondes suffisent au paysan russe pour tisser une corde plus solide que la première avec l'écorce d'un bouleau, et les chevaux, réattelés, repartent au premier signal de leur maître.

Au reste, le cocher fait un tel bruit avec ses encouragements et ses chansons, il est si peu préoccupé de la cage qu'il traîne après lui, et dans laquelle il ballotte ses corbeaux ou ses aigles, que parfois il ne s'aperçoit pas, par exemple, que dans un cahot l'avant-train se détache. Alors il continue de s'éloigner au grand galop, laissant la caisse sur la route; ce n'est qu'au relai qu'il s'aperçoit qu'il a perdu ses voyageurs; alors il revient sur ses pas avec la parfaite bonne humeur qui fait le fond de son caractère, il les rejoint en leur disant : *ce n'est rien*; il raccommode son attelage et repart en ajoutant : *N'ayez pas peur.*

Quoique nous fussions, on le devine bien, rangés dans la classe des aigles, notre voiture, grâce à la prévoyance d'Ivan, était si solide, qu'il ne nous arriva aucun accident de ce genre, et le même soir nous arivâmes à Novgorod, la vieille et puissante ville qui avait pris pour devise le proverbe russe : nul ne peut résister aux dieux et à la grande Novgorod !

Novgorod, autrefois le berceau de la monarchie russe, et dont les soixante églises suffisaient à peine à sa magnifique population, est aujourd'hui avec ses murailles démantelées une espèce de ruine aux rues désertes, et se dresse sur le chemin comme l'ombre d'une capitale morte entre Saint-Pétersbourg et Moscou, ces deux capitales modernes.

Nous nous arrêtâmes à Novgorod pour y souper seulement, puis nous repartîmes aussitôt. De temps en temps, sur notre route, nous trouvions de grands feux, et autour de ces feux dix ou douze hommes à longues barbes, et un convoi de charriots rangé sur l'un des deux côtés de la route. Ces hommes, ce sont les rouliers du pays, qui, à défaut de villages, et par conséquent d'auberges, campent sur le revers du chemin, dorment dans leurs manteaux, et le lendemain se remettent en route aussi dispos et aussi joyeux que s'ils avaient passé la nuit dans le meilleur lit du monde. Pendant leur sommeil, leurs chevaux dételés broutent dans la forêt ou paissent dans la plaine ; le jour venu, les rouliers les sifflent, et les chevaux reviennent se ranger d'eux-mêmes chacun à sa place.

Nous nous réveillâmes, le lendemain, au milieu de ce que l'on appelle la Suisse russe. C'est, parmi ces steppes éternelles ou ces sombres et immenses forêts de sapins, une contrée délicieusement entrecoupée de lacs, de vallées et de montagnes Waldaï, située à quatre-vingt-dix lieues à peu près de Saint-Pétersbourg, est le centre et la capitale de cette Helvétie septentrionale. A peine notre voiture y fut-elle arrivée, que nous nous trouvâmes environnés d'une multitude de marchandes de croquets qui me rappelèrent les marchandes de plaisirs parisiennes. Seulement, au lieu du petit nombre d'industrielles privilégiées qui exploitent les abords des Tuileries, à Waldaï on est assailli par une armée de jeunes filles en jupons courts que je soupçonne fort de joindre un commercee illicite et caché au commerce ostensible qu'elles exercent.

Après Waldaï vient Torschok, célèbre par son commerce de maroquin brodé, dont on fait des bottes du matin, d'une élégance charmante, et des pantoufles de femme, d'un goût et d'un caprice délicieux. Puis se présente Twer, chef-lieu de gouvernement, où, sur un pont de six cents pieds de long, on traverse le Volga. Ce fleuve au cours gigantesque prend sa source au lac Scliguer et va se jeter dans la mer Caspienne, après avoir traversé la Russie dans toute sa largeur, c'est-à-dire sur un espace de près de sept cents lieues. A vingt-cinq verstes de cette dernière ville la nuit nous reprit, et quand le jour arriva, nous étions en vue des dômes brillants et des clochers dorés de Moscou.

Cette vue me causa une impression profonde. J'avais devant les yeux le grand tombeau où la France était venue ensevelir sa fortune. Je frissonnai malgré moi, et il me semblait que l'ombre de Napoléon allait m'apparaître comme celle d'Adamastor, et me raconter sa défaite avec des larmes de sang.

En entrant dans la ville, j'y cherchai partout les traces de notre passage en 1812, et j'en reconnus quelques-unes. De temps en temps de vastes décombres, mornes preuves du dévouement sauvage de Rostopchin, s'offraient à notre vue, tout noircis encore par les flammes. J'étais tout prêt à arrêter la voiture, et avant de descendre à l'hôtel, avant d'aller nulle part, à demander le chemin du Kremlin, impatient de visiter le château sombre auquel les Russes firent un matin, avec la ville entière, une ceinture de feu; mais je n'étais pas seul. Je remis ma visite à plus tard, et je laissai Ivan nous conduire; il nous fit traverser une partie de la ville, et nous nous arrêtâmes à la porte d'une hôtellerie tenue par un Français, près du pont des Maréchaux. Le hasard nous avait fait descendre près de l'hôtel qu'habitait la comtesse Waninkoff.

Louise était très fatiguée du voyage pendant lequel elle n'avait cessé de porter son enfant entre ses bras; mais, quoique j'insistasse pour qu'elle se reposât d'abord, elle commença par écrire à la comtesse pour lui annoncer son arrivée à Moscou, et lui demander la permission de se présenter chez elle. Nous cherchions par quel messager nous pourrions faire tenir cette dépêche à la comtesse, lorsque nous songeâmes à notre brave brigadier Ivan. Nous comprîmes que la lettre n'en serait pas plus mal reçue pour être portée par lui, et de son côté il accepta la commission avec grand plaisir.

Dix minutes après, et comme je venais de me retirer dans ma chambre, une voiture s'arrêta à la porte. Cette voiture amenait la comtesse et ses filles, qui n'avaient pas voulu attendre la visite de Louise, et qui accouraient la chercher. En effet, elles connaissaient le dévouement de ce noble cœur, elles savaient dans quel but elle était partie et vers quelle destination elle se rendait, et elles ne voulaient pas que, pendant le peu de temps qu'elle resterait à Moscou, celle qu'elles appelaient leur fille et leur sœur demeurât autre part que chez elles.

Comme ma chambre touchait à celle de Louise, je fus en quelque sorte témoin de l'effusion ardente avec laquelle la pauvre mère se jeta dans les bras de celle qui allait revoir son fils. Ainsi que nous l'avions pensé, la vue d'Ivan avait fait grand plaisir à toute la famille, car par lui la comtesse avait pu avoir des nouvelles plus récentes de Waninkoff, et elle avait appris qu'il était arrivé à Koslowo en aussi bon état de santé que le permettait sa situation. Au reste, c'était déjà un bonheur pour la comtesse et ses filles que de savoir le nom du village qu'il habitait.

Louise tira les rideaux du lit et leur montra son enfant qui était endormi; et, avant même qu'elle eût dit que son intention était de le leur laisser, les deux sœurs s'en étaient emparées et le présentaient aux baisers de leur mère.

Mon tour vint. On sut que j'avais accompagné Louise et que j'étais le maître d'armes du comte Alexis; alors les trois femmes voulurent me voir. Louise me fit prévenir que l'on me demandait; je m'y étais attendu, et j'avais heureusement eu le temps de réparer le désordre que deux jours et deux nuits de voyage avaient apporté dans ma toilette.

Comme on le devine, je fus accablé de questions. J'avais vécu assez long-temps dans l'intimité du comte pour pouvoir satisfaire à toutes les demandes, et je l'avais trop aimé pour me lasser de parler de lui. Il en résulta que les pauvres femmes furent si enchantées de moi, qu'elles voulaient absolument que j'accompagnasse Louise chez elles; mais, comme je n'avais aucun droit à une si honorable hospitalité, je refusai. D'ailleurs, à part l'indiscrétion qu'il y eût eu à accepter, j'étais beaucoup plus libre à l'hôtel; et, comme je ne comptais pas rester à Moscou après le départ de Louise, je voulais mettre à profit, pour visiter la ville sainte, le peu de temps que j'avais à y passer.

Louise raconta son entrevue avec l'empereur, ainsi que tout ce qu'il avait fait pour elle, et la comtesse pleura à ce récit, autant de joie que de reconnaissance, car elle espérait que l'empereur ne serait pas généreux à demi, et commuerait l'exil perpétuel en un exil à temps, comme il avait déjà commué la peine de mort en exil.

A mon défaut, la comtesse voulait au moins offrir l'hospitalité à Ivan; mais je le réclamai dans l'intention où j'étais d'en faire mon cicérone. Ivan avait fait la campagne de 1812; il avait battu en retraite depuis le Niémen jusqu'à Wladimir, et nous avait poursuivis depuis Wladimir jusqu'au-delà de la Bérésina. On comprend qu'il m'était trop précieux pour que je m'en séparasse. Louise et son enfant montèrent donc en voiture avec la comtesse Waninkoff et ses filles, et moi je restai à l'hôtel avec Ivan, mais après avoir promis toutefois d'aller dîner le jour même chez la comtesse.

Un quart d'heure après, nous étions en route, et je commençai mes investigations.

XXII

Ce fut le 14 septembre 1812, à deux heures de l'après-midi, que l'armée française découvrit, du haut du mont du Salut, la ville sainte. Aussitôt, et comme cela était arrivé quinze ans auparavant à l'aspect des Pyramides, cent vingt mille hommes se mirent à battre des mains, en criant: Moscou! Moscou! Après une longue navigation dans cette mer de steppes, on apercevait enfin la terre. A l'aspect de la ville aux coupoles d'or, tout fut oublié, même cette terrible et sanglante victoire de la Moskowa, qui avait attristé l'armée à l'égal d'une défaite. Après avoir touché d'une main à l'océan indien, la France allait donc toucher de l'autre aux mers polaires. Rien n'avait pu l'arrêter, ni le désert de sable, ni le désert de neige. Elle était véritablement la reine du monde, celle-là qui allait tour à tour se faire sacrer dans toutes les capitales.

Aux cris de son armée tout entière qui rompt les rangs, qui se presse, qui applaudit, Napoléon lui-même est accouru. Son premier sentiment est une joie indicible qui illumine son front, pareille à une auréole. Comme tout le monde, il s'écrie,

en se dressant sur ses étriers : Moscou !
Moscou ! Mais aussitôt on voit passer sur
son front comme l'ombre d'un nuage,
et s'affaissant sur sa selle : Il était temps !
dit-il.

L'armée a fait halte ; car Napoléon attend que de l'une de ces portes par lesquelles ses yeux tentent de plonger avidement dans la ville il sorte quelque députation de boyards à longue barbe et de jeunes filles tenant des rameaux, qui lui vienne, sur un plat d'argent, apporter les clés d'or de la cité sainte. Mais tout reste silencieux et solitaire, comme si la ville était endormie; aucune vapeur ne s'élève des cheminées; seulement de grandes troupes de corbeaux planent en tournoyant sur le Kremlin, et s'abattent sur quelque coupole dont l'or disparaît comme sous un drap noir.

De l'autre côté de Moscou seulement, et comme si elle sortait par la porte opposée à celle qui s'offre à nous, il semble que l'on voie se mouvoir une armée. C'est encore cet ennemi insaisissable qui nous a glissé entre les mains depuis le Niémen jusqu'à la Moskowa, et qui s'enfonce vers l'orient.

En ce moment, comme si l'armée française, pareille à son aigle, eût déployé ses deux ailes, Eugène et Poniatowski s'étendent à droite et débordent la ville, tandis que Murat, que Napoléon suit des yeux avec une inquiétude croissante, atteint l'extrémité des faubourgs sans qu'aucune députation se soit présentée.

Alors ses maréchaux se pressent autour

de lui, inquiets de son inquiétude; Napoléon voit tous ces fronts soucieux, tous ces regards fixes : il devine que sa pensée est la pensée de tous. — Patience, patience, dit-il machinalement, ces gens-là sont si sauvages, qu'ils ne savent peut-être pas même se rendre.

Pendant ce temps, Murat a pénétré dans la ville; Napoléon n'y tient plus, il envoie après lui Gourgaud. Gourgaud met son cheval au galop, traverse l'espace, entre dans la ville à son tour, et rejoint Murat au moment où un officier de Milarodowich déclare au roi de Naples que le général russe mettra le feu à la ville si on ne donne pas le loisir à son arrière-garde de se retirer. Gourgaud repart au galop, et va porter à Napoléon cette nouvelle. — Laissez-les partir, dit Napoléon j'ai besoin de Moscou tout entière, depuis son plus riche palais jusqu'à sa plus pauvre cabane.

Gourgaud rapporte cette réponse à Murat, qu'il trouve au milieu des Cosaques, qui regardent avec étonnement les broderies de sa riche polonaise et les plumes flottantes de sa toque. Murat leur transmet la nouvelle de l'armistice, donne sa montre à un chef, ses bijoux à un autre, et, quand il n'en a plus, il emprunte les montres et les bagues de ses aides-de-camp.

Pendant ce temps, et protégée par cette convention verbale, l'armée russe continue d'évacuer Moscou.

Napoléon s'arrête à la barrière, attendant toujours que des habitants sortent de la ville enchantée. Rien ne paraît, et chaque officier qui revient à lui rapporte cette étrange parole : Moscou est déserte. Cependant il ne peut y croire; il regarde, il écoute, c'est la solitude du désert, c'est le silence de la mort. Il est à la porte de la ville des tombeaux : c'est Pompeïa ou Nécropolis.

Pourtant il espère encore que, comme Brennus, il trouvera ou l'armée au Capitole ou les sénateurs sur leurs chaises curules. Afin qu'il ne s'échappe de Moscou que ceux qui ont le droit d'en sortir, il fait embrasser la ville d'un côté par le prince Eugène, et de l'autre par le prince Poniatowski; les deux corps d'armée s'allongent en croissant, et enveloppent Moscou; puis il pousse en avant, et pour pénétrer au cœur de la capitale, le duc de Dantzig et la jeune garde. Enfin, après avoir tardé tant qu'il a pu à y entrer lui-même, comme s'il voulait douter encore du témoignage de ses propres yeux, il se décide à franchir la barrière de Dorogomitoff, fait appeler le secrétaire-interprète Leborgne, qui connaît Moscou, lui ordonne de se tenir près de lui, et tout en avançant la tête vers ce grand silence, qui n'est interrompu que par le bruit de ses propres pas, il l'interroge sur tous ces monuments déserts, sur tous ces palais vides, sur toutes ces maisons veuves. Puis, comme s'il craignait de s'aventurer dans cette Thèbes moderne, il s'arrête, descend de son cheval, et prend son logement provisoire dans une grande auberge abandonnée comme le reste de la ville.

A peine y est-il installé, que ses ordres se succèdent comme s'il venait de poser sa tente sur un champ de bataille. Il a besoin de combattre cette solitude et ce silence plus terrible pour lui que la présence et le fracas d'une armée. Le duc de Trévise est nommé gouverneur de la province; le duc de Dantzig s'emparera du Kremlin et sera chargé de la police de ce quartier; le roi de Naples poursuivra l'ennemi, ne le perdra pas de vue, ramassera ses traîneurs et les enverra à Napoléon.

La nuit vient, et à mesure qu'elle arrive, Napoléon s'assombrit comme elle. On a entendu quelques coups de carabine vers la porte de Kolomna : c'est Murat qui, après neuf cents lieues franchies et soixante combats livrés, a traversé Moscou, la ville des czars, comme il eût fait d'une bourgade, et a rejoint les Cosaques sur la route de Wladimir. — On annonce des Français qui viennent solliciter la clémence de leur propre empereur. Napoléon les fait entrer, les presse, les interroge ; c'est lui qui les remercie en quelque sorte d'avoir bien voulu venir lui donner des nouvelles. Mais, aux premiers mots qu'ils disent, Napoléon fronce le sourcil, s'emporte et nie. En effet, ils racontent des choses étranges. Selon eux, Moscou est réservée aux flammes ; selon eux, Moscou est condamnée, et cela par les Russes, par ses propres fils : c'est impossible.

A deux heures du matin, on apprend que le feu éclate dans le Palais-Marchand, c'est-à-dire dans le plus beau quartier de la ville. La menace jetée derrière lui par Rostopchin se réalise ; mais Napoléon en doute encore : c'est l'imprudence de quelque soldat qui est cause de cet incendie, et il donne ordre sur ordre, il envoie courrier sur courrier. Le jour arrive sans que la flamme soit éteinte ; car nulle part, chose étrange, on ne trouve de pompes. Alors Napoléon n'y peut plus tenir, il court lui-même sur le théâtre du désastre. C'est la faute de Mortier, c'est la faute de la jeune garde, tout cela vient de l'imprudence du soldat. Alors Mortier montre à Napoléon une maison fermée qui s'enflamme toute seule et comme par enchantement. Napoléon pousse un soupir et monte lentement et la tête inclinée les marches qui conduisent au Kremlin.

Enfin il est arrivé à ce but tant désiré : devant lui est l'ancienne demeure des czars; à sa droite l'église qui renferme leur sépulture, à sa gauche le palais du sénat; puis au fond le haut clocher d'Ivan Welikoï, dont la croix dorée, que d'avance il a destinée à remplacer celle des Invalides, domine tous les dômes de Moscou.

Il entre dans le palais, et ni son architecture qui rappelle celle de Venise, ni les appartements vastes et splendides qu'il traverse, ni la vue magnifique qui des fenêtres de son appartement plonge sur la Moskowa et s'étend sur ce monde de maisons aux mille couleurs, sur ces dômes d'or, sur ces coupoles d'argent, sur ces toits de bronze, rien ne peut l'arracher à sa rêverie. Ce n'est pas Moscou qu'il a entre les mains; c'est son ombre, son spectre, son fantôme. Qui donc l'a tuée?

Tout à coup on vient lui dire que le feu est éteint, et il relève la tête. C'est encore un ennemi vaincu ; sa fortune est toujours celle de César. Au fait, moins la solitude et le feu, tout arrive comme Napoléon l'a calculé.

Les rapports se succèdent. L'arsenal du Kremlin renferme quarante mille fusils anglais, autrichiens et russes, une centaine de pièces de canon, des lances, des sabres, des armures et des trophées, enlevés aux Turcs et aux Persans. A la barrière des Allemands, on a découvert dans des bâtiments isolés, où ils ont été cachés, quatre cent milliers de poudre, et plus d'un million pesant de salpêtre. La noblesse a abandonné ses cinq cents palais ; mais ces palais sont ouverts et meublés ; ils seront occupés par les officiers supérieurs de l'armée. Quelques maisons que l'on croyait vides seront ouvertes ; elles appartiennent à des habitants faisant partie de la classe moyenne de la société. En apprivoisant ceux-là, on en attirera d'autres. Enfin nous avons derrière nous deux cent cinquante mille hommes ; on peut donc attendre l'hiver ; le vaisseau de la France, qui voguait à la conquête des mers du Nord, sera pris pendant six mois dans les glaces polaires, et voilà tout. Avec le printemps la guerre, et avec la guerre la victoire.

Ainsi Napoléon s'endort, bercé par le flux de ses craintes et le reflux de ses espérances.

A minuit, le cri : Au feu ! se fait entendre de nouveau.

Le vent vient du nord, et c'est au nord qu'éclate l'incendie. Ainsi le hasard seconde la flamme ; le vent la pousse, et elle s'approche dans la direction du Kremlin comme une rivière ardente : déjà des flammèches volent jusque sur les toits du palais et tombent au milieu d'un parc d'artillerie rangé sous les murailles, lorsque le vent saute à l'ouest. La flamme change de direction ; elle s'étend, mais elle s'éloigne.

Tout à coup un second incendie s'allume à l'ouest, et s'avance comme le premier, poussé par le vent. On dirait que le rendez-vous du feu est au Kremlin, et qu'allié intelligent des Russes, il marche droit à Napoléon. Il n'y a plus à en douter, c'est un nouveau plan de destruction adopté par l'ennemi, et l'évidence à laquelle Napoléon s'est si long-temps refusé commence à le mordre au cœur.

Bientôt de place en place s'élèvent de

nouveaux tourbillons de fumée qui percent tout à coup les flammes comme des lances ardentes; comme le vent est toujours incertain et passe constamment du nord à l'ouest, l'incendie s'avance pareil à un serpent qui rampe; de tous côtés des sillons ardents se creusent, qui enveloppent le Kremlin, et dans lesquels semblent couler des fleuves de lave. A chaque instant, de ces fleuves découlent des torrents qui vont s'élargissant à leur tour; on dirait que la terre s'ouvre et vomit du feu; ce n'est plus un incendie, c'est une mer, et l'immense marée, montant sans cesse, s'approche en mugissant et vient battre le pied des murailles du Kremlin.

Toute la nuit Napoléon contemple avec terreur cette tempête de feu : là sa puissance expire, son génie est vaincu, il y a un démon caché qui souffle cette flamme, et, comme Scipion regardant brûler Carthage, il frémit en pensant à Rome.

Le soleil monte sur cette fournaise, et le jour vient éclairer les désastres de la nuit. Le feu a accompli son cercle immense, chassant devant lui les travailleurs et se rapprochant de plus en plus du Kremlin. Alors les rapports se succèdent, et l'on commence à connaître les incendiaires.

Dans la nuit du 14 au 15, c'est-à-dire dans la nuit même de l'occupation, un globe de flamme, pareil à une bombe, s'est abaissé sur le palais du prince Troubetskoï et y a mis le feu : sans doute c'était un signal, car à l'instant même la Bourse s'est enflammée, et sur deux ou trois points l'incendie, attisé par les lances goudronnées des soldats de la police russe, est apparu. Des obus ont été cachés dans presque tous les poêles, et les soldats français, en y mettant le feu pour se chauffer, les ont fait éclater; si bien que les obus, doublement funestes, ont tué les hommes et incendié les maisons. Toute la nuit s'était écoulée pour les soldats à fuir de maisons en maisons, et à voir la maison dans laquelle ils étaient, ou celle dans laquelle ils allaient entrer, s'enflammer spontanément sans cause visible. Moscou, comme les vieilles villes maudites de la Bible, est vouée tout entière à la destruction, si ce n'est que le feu, au lieu de tomber du ciel, semble sortir de la terre.

Alors Napoléon est forcé de se rendre, et reconnaît que ces incendies, allumés en même temps sur des milliers de points, sont l'œuvre d'une seule volonté, sinon d'une même main. Il passe la main sur son front, dont la sueur découle, et poussant un soupir : « Voilà donc, dit-il, comme ils font la guerre. La civilisation de Saint-Pétersbourg nous a trompés, et les Russes modernes sont toujours les anciens Scythes. »

Aussitôt il donne l'ordre de prendre, de juger et de fusiller quiconque sera saisi allumant ou excitant la flamme; la vieille garde, qui occupe le Kremlin, se mettra sous les armes; on chargera les chevaux, on attellera les voitures; enfin on se tiendra prêt à quitter cette ville qu'on est venu chercher si loin, et sur laquelle on avait tant compté.

Au bout d'une heure, on vient dire à l'empereur que ses ordres sont exécutés : une vingtaine d'incendiaires ont été pris, interrogés et fusillés. Dans l'interrogatoire, ils ont avoué qu'ils sont neuf cents, et qu'avant d'évacuer Moscou, Rostopchin, le gouverneur, les a fait cacher dans les caves afin qu'ils missent le feu à tous les quartiers. Ils ont fidèlement obéi. Pendant cette heure la flamme, a fait de nouveaux progrès, le Kremlin semble une île jetée sur une mer de flamme. L'atmosphère est chargée de vapeurs brûlantes, les vitres du Kremlin, dont on a fermé les fenêtres, pétillent et éclatent. On respire un air plein de cendres.

En ce moment un dernier cri se fait entendre : Le feu au Kremlin ! le feu au Kremlin !

Napoléon pâlit de colère. Ainsi le palais antique, le vieux Kremlin, la demeure des czars, n'est pas même sacrée pour ces Érostrates politiques ; mais du moins on a pris celui qui a mis le feu, on l'amène devant l'empereur. C'est un soldat de la police russe. Napoléon l'interroge lui-même : il répète ce qui a été dit; chacun a reçu sa tâche; lui et huit de ses compagnons ont été chargés du Kremlin. Napoléon le chasse avec dégoût, et dans la cour même il est fusillé.

Alors on presse l'empereur de quitter le palais où le feu le poursuit; mais il se raidit contre l'évidence, il se cramponne à sa volonté, il ne refuse ni n'accepte, il reste sourd, inerte, abattu; tout à coup un sourd murmure circule autour de lui : le Kremlin est miné.

Au même instant on entend les cris des grenadiers qui le demandent; cette nouvelle s'est répandue aussi parmi eux ; ils veulent leur empereur, il leur faut leur empereur; s'il tarde d'un instant, ils viendront le chercher eux-mêmes.

Napoléon se décide enfin; mais par où sortir? On a tant attendu qu'il n'y a plus d'issue. L'empereur ordonne à Gourgaud et au prince de Neufchâtel de monter sur la terrasse du Kremlin pour tâcher de découvrir un passage, et en même temps il ordonne à plusieurs officiers d'ordonnance de se répandre aux alentours du palais dans le même but; tous s'empressent d'obéir, les officiers descendent rapidement par tous les escaliers, Berthier et Gourgaud montent sur la terrasse.

A peine y sont-ils, qu'ils sont forcés de se cramponner l'un à l'autre : la violence du vent, la raréfaction de l'air causent une si terrible tourmente, que le tourbillon qui passe et repasse incessamment a failli les emporter avec lui ; au reste, d'où ils sont, impossible de rien voir qu'un océan de flammes sans issues et sans bornes.

Ils redescendent et annoncent cette nouvelle à l'empereur.

Alors Napoléon n'hésite plus ; au risque d'aller donner tête baissée dans la flamme, il descend rapidement l'escalier du nord, sur les marches duquel les Strélitz ont été égorgés ; mais, arrivé dans la cour, on ne trouve plus d'issues, les flammes bloquent toutes les portes : on a attendu trop tard, il n'est plus temps.

En ce moment, un officier accourt haletant, la sueur sur le front, les cheveux à demi brûlés ; il a trouvé un passage : c'est une poterne fermée qui doit donner sur la Moskowa; quatre sapeurs se précipitent, la porte est brisée à coups de hache, Napoléon s'engage à travers deux murailles de rochers; ses officiers, ses maréchaux, sa garde, le suivent; s'il fallait maintenant revenir sur ses pas, la chose lui serait impossible : il faut marcher en avant.

L'officier s'est trompé : la poterne ne donne pas sur la rivière, mais sur une rue étroite et enflammée; n'importe, cette rue menât-elle à l'enfer, il faut la prendre; Napoléon donne l'exemple et s'élance le premier sous une arcade de feu; tout le monde le suit, nul ne cherche un salut à côté ou en dehors du sien : s'il meurt, on mourra.

Il n'y a plus de chemin, il n'y a plus de guide, il n'y a plus d'étoiles; on marche au hasard, au milieu du mugissement des flammes, du pétillement des brasiers, du craquement des voûtes; toutes les maisons brûlent ou sont brûlées, et de toutes celles qui sont debout encore, par les fenêtres, par les portes, les flammes s'élancent comme pour poursuivre les fugitifs; des poutres tombent, le plomb fondu coule dans les ruisseaux, tout est de feu, l'air, les murailles, le ciel; quelques fugitifs sont tombés sur la route, étouffés par le manque d'air ou écrasés par les décombres.

En ce moment, les soldats du premier corps, qui cherchent l'empereur, apparaissent presque au milieu des flammes; ils le reconnaissent, et tandis que dix ou douze l'environnent comme s'il s'agissait de le défendre d'un ennemi ordinaire, les autres marchent devant en criant : Par ici! par ici !

Napoléon s'abandonne à eux avec la même confiance qu'ils s'abandonnent ordinairement à lui, et, cinq minutes après, il se trouve en sûreté dans les décombres d'un quartier brûlé depuis le matin.

Alors il s'enfonce entre un double rang de voitures, il demande quels sont ces fourgons et ces caissons; on lui répond que c'est le parc du premier corps, que l'on a sauvé : chaque voiture contient des milliers de poudre, et des tisons brûlent entre les roues!

Napoléon donne l'ordre de prendre la route de Petroskoï : c'est un château royal situé hors de la ville, à une demi-lieue de la barrière de Saint-Pétersbourg, au milieu des cantonnements du prince Eugène: là sera désormais le quartier impérial.

Pendant deux jours et deux nuits, Moscou brûle encore; puis enfin, au matin du troisième jour, la flamme a entièrement disparu, et, à travers la fumée qui le couvre comme une brume, Napoléon peut voir se dresser, noirci et à demi consumé, le squelette de la ville sainte.

A part quelques dernières traces d'incendie qui semblent laissées exprès comme de sombres souvenirs de cette époque terrible, Moscou tout entière est sortie de ses cendres, plus splendide, plus magnifique et plus dorée qu'elle n'a jamais été. Le Kremlin seul, resté debout comme un antique et indestructible témoin des choses passées, a conservé son caractère byzantin, qui le fait ressembler, au premier coup-d'œil, au palais des doges de Venise. Ma visite, en arrivant, fut pour cet édifice, et des cinq portes percées dans ces hautes murailles crénelées je choisis la porte de Spaskoï, ou la porte sainte, et j'entrai, selon l'usage, la tête découverte, dans l'antique palais autour duquel a tourné l'histoire de la vieille Moscovie.

Le Kremlin, dit-on, tire son nom du mot *Kremle*, qui veut dire Pierre. Il renferme le sénat, l'arsenal, l'église de l'Annonciation, la cathédrale de l'Assomption, où se fait la cérémonie du couronnement, et où effectivement l'empereur Nicolas venait d'être couronné; l'église de Saint-Michel, où sont les tombeaux des premiers souverains de l'empire; le palais des patriarches et le palais des anciens czars. C'est dans ce nid de granit que naquit Pierre Ier.

Grâce à Ivan, qui faisait servir à tout l'ordre de l'empereur, devant lequel, au reste, chacun s'inclinait, je pus visiter le palais dans tous ses détails. D'abord je me fis montrer la petite poterne par laquelle Napoléon était sorti, puis l'appartement qu'il avait occupé, et dans lequel, pendant une nuit et un jour, les bras croisés à la fenêtre, il avait vu s'avancer vers lui ce nouvel ennemi, inconnu, irrésistible, indomptable, qui l'avait pied à pied chassé de sa conquête. De cet appartement je montai sur la terrasse, du haut de laquelle Gourgaud et Berthier avaient failli être précipités, et de là je découvris Moscou, non plus agonisante et se tordant dans son agonie enflammée, mais jeune, joyeuse, riante, toute parsemée de jardins verts, toute étincelante de coupoles d'or.

Moscou date du milieu du xiii° siècle à peu près. Comme on le voit, elle est de médiocre antiquité; c'est à peine si son âge eût suffi à un seigneur du temps de Louis XIV pour monter dans les carrosses du roi. Peut-être existait-elle long-temps auparavant, pauvre, inconnue et roturière; mais ce n'est qu'à partir de cette époque qu'elle fut élevée au rang de principauté, et gouvernée par Michel-le-Brave, frère d'Alexandre Newski, le même qui, ayant pris le cilice vers la fin de sa vie, a été mis au rang des saints et est devenu un des patrons les plus miraculeux de la ville de Saint-Pétersbourg. L'origine du nom de Moscou ne soulève pas les mêmes doutes que le nom du Kremlin. Sa marraine est la Moskowa, pauvre et humble rivière boueuse qui prend sa source à Giath et va se jeter dans l'Oka, au-dessus de Riazan, tout étonnée encore d'avoir, dans sa course de quelques heures, servi de ceinture à une reine.

Le Kremlin est situé au centre de Moscou, et dans la partie la plus élevée, de sorte que, du haut de la terrasse du palais, on domine la ville tout entière. C'est de là que l'irrégularité de Moscou, qui semble la cité capricieuse et fantasque de quelque architecte des *Mille et une Nuits*, apparaît dans toute son étrange variété, avec sa mosaïque de toîts, ses minarets byzantins, ses pagodes chinoises, ses terrasses italiennes, ses kiosques indiens et ses fermes hollandaises. C'est de là qu'on voit se presser dans les trois quartiers qui la divisent, et surtout dans le Kitaï-Gorod, ou le quartier marchand, des envoyés de tous les peuples de la terre, et qu'on reconnaît le Turc à son turban, l'Arménien à sa longue robe, le Mongol à son bonnet pointu, le mougick à son sarreau de toile, et le Français à son habit étriqué. Quant aux rues, elles sont tortueuses comme la rivière qui les traverse, et dont le nom vient, dit-on, d'un mot sarmate qui signifie serpent; mais elles ont cet avantage d'être bâties contre le vent et contre le soleil, et de ne jamais offrir à l'œil effrayé ces longues perspectives qui semblent infranchissables au malheureux piéton.

Descendu de la terrasse, où je restai plus d'une heure sans me lasser de contempler ce magnifique panorama, je passai auprès du sénat, immense bâtiment élevé sous le règne de Catherine, et qui, sur les quatre côtés du cube qui surmonte sa coupole, porte écrit en grosses lettres le mot *loi*, en caractères russes. Comme la salle des séances m'offrait peu d'intérêt, et que d'ailleurs le temps de mon séjour à Moscou était compté, je m'acheminai vers l'arsenal, vaste édifice commencé en 1702, sous le règne de Pierre Ier. Miné en 1812, au moment de la retraite de l'armée française, l'arsenal porte encore des traces de l'explosion terrible qui le renversa en grande partie, sans briser une glace qui se trouvait devant l'image de saint Nicolas, événement qui fut attribué à un miracle du saint, ainsi que le constate une inscription gravée au-dessous. Une autre preuve d'un miracle non moins grand, mais dont l'auteur est l'hiver, saint bien plus puissant encore que saint Alexandre Newski, ce sont les huit cent soixante-dix pièces d'artillerie prises aux Français et à leurs alliés, et retrouvées par les chemins, au bord des rivières, au fond des ravins, sur la route de Moscou à Wilna. Ces pièces sont rangées devant la façade de l'édifice. Chacune d'elles, toute captive qu'elle est, porte encore le nom orgueilleux dont l'a baptisée le fondeur, dans son ignorance de l'avenir. C'est l'Invincible, c'est l'Imprenable, c'est le Vengeur. La place où elles sont prouve que ce n'est pas seulement sur les colonnes et sur les tombeaux que le bronze a pris l'habitude de mentir.

En avant de l'une des faces latérales est la fameuse pièce de canon coulée en 1694, dont le poids est de quatre-vingt-seize mille livres treize onces, dont la longueur est de dix-sept pieds, et dont le diamètre est de quatre pieds trois pouces ; elle est entourée de plusieurs autres pièces turques et persanes dont elle semble l'aïeule, quoique la plus petite de toutes celles-ci, prise isolément, doive paraître énorme. Elles sont surchargées d'ornements orientaux bizarres, mais précieux de détails, et chacune d'elles, comme preuve de sa force, porte le chiffre de son poids gravé près de la culasse. Comparée à la plus petite de ces pièces, la plus forte des nôtres semble un jouet d'enfant.

Nous avions alors en face de nous le clocher d'Ivan Velikoï, élevé pour perpétuer le souvenir d'une famine qui désola Moscou vers l'an 1600. La forme du clocher est octogone et la coupole est, assure-t-on, recouverte entièrement en or de ducats. La croix qui couronnait l'église fut enlevée au moment de la retraite par Napoléon, qui la destinait au dôme des Invalides, et ceux qui étaient chargés de la garder la jetèrent dans la Bérésina, ne pouvant la traîner plus loin. Les Russes l'ont remplacée par une croix de bois plaquée en cuivre doré.

Au pied de cette église, dans une cavité circulaire recouverte par des planches, gît la fameuse cloche éternelle, transportée de Novgorod à Moscou, où elle devait être la reine des trente-deux autres cloches qui forment le carillon de l'église d'Ivan-le-Grand. Pendant quelque temps elle régna en effet sur elles, tant par la grosseur que par le bruit; mais un jour elle rompit ses liens, tomba, et s'enfouit dans sa chute, à la profondeur de plusieurs pieds. C'est par une trappe et en descendant un escalier d'une vingtaine de marches, gardé par une sentinelle qui vous prévient de prendre garde de vous rompre le cou, que nous arrivâmes au pied de la montagne de bronze dont on fait le tour en longeant une petite muraille de briques élevée dans le but de la soutenir. La circonférence de la cloche est de soixante-sept pieds quatre pouces, ce qui donne un diamètre de vingt-deux pieds quatre pouces un tiers ; sa hauteur, de vingt-un pieds quatre pouces et demi ; son épaisseur, à l'endroit où frappait le battant, de vingt-trois pouces, et son poids de quatre cent quarante-trois mille sept cent soixante-douze livres, ce qui, au simple prix du métal, c'est-à-dire à trois francs quinze sous la livre, représente à peu près une somme de soixante-six mille cinq cents louis. Mais la valeur de la cloche s'accroît de plus du triple, lorsqu'on sait qu'au moment où elle fut fondue, les nobles et le peuple vinrent y jeter à l'envi leur or, leur argent et leur vaisselle. C'est donc à peu près quatre millions sept cent quarante deux mille francs qui furent enfouis dans cette espèce de cave, sans utilité comme sans rapport.

A certains jours de l'année, les paysans visitent cette cloche en grande dévotion, et se signent à chaque marche de l'escalier, soit qu'ils le montent, soit qu'ils le descendent.

Comme je voulais en finir du coup avec le Kremlin, j'entrai dans l'église de l'Assomption, où venait d'avoir lieu, six semaines auparavant, le couronnement de l'empereur. C'est un édifice assez petit et de forme carrée, qui fut fondé en 1325, s'écroula en 1474 et fut réédifié l'année suivante par des architectes italiens qu'Ivan III fit venir de Florence. Cette église, qui peut à peine contenir cinq cents personnes, renferme les tombeaux des patriarches et le trône des czars. Avant 1812, elle était éclairée par un lustre en argent pesant plus de trois mille sept cents livres, lequel disparut pendant l'invasion française. En revanche, celui qui l'a remplacé a été fondu avec l'argent pris sur nous pendant la retraite. Il est vrai que l'église a perdu à cette restitution forcée, celui qui y est aujourd'hui ne pesant que six cent soixante livres.

J'aurais eu grande envie de visiter le

même jour Petroskoï; mais mon invitation à dîner chez la comtesse Waninkoff ne m'en laissait pas le temps. Je me contentai donc de jeter en passant un coup-d'œil sur l'échafaud en pierre où le civilisateur sanglant de la Russie exécuta plus d'une fois l'arrêt de mort avec la main qui l'avait signé, et je dis à Ivan de me conduire à l'église de la Protection de la Vierge, que les Russes appellent Vassili-Blajennoï, et qui est la plus curieuse des deux cent soixante-trois que renferment les murs de la capitale.

Ce monument, qui fut construit en 1554, sous le règne d'Ivan-le-Terrible, en commémoration de la prise de Kasan, est l'œuvre d'un architecte italien qui, appelé du sein de la plus splendide civilisation au milieu d'un peuple barbare, voulut faire quelque chose qui satisfît par son étrangeté le sauvage caprice du czar. Dix-sept coupoles s'arrondissent sur le toit de Vassili-Blajennoï, et chacune est de forme et de couleur différente. Grace à cette disparate collection de boules, de pommes de pins, de melons et d'ananas, verts, rouges, bleus, jaunes et violets, Ivan-le-Terrible parut fort satisfait. Cette satisfaction s'accrut si fort et si bien les jours suivants, qu'au moment où l'architecte vint prendre congé de lui pour réclamer son salaire et retourner en Italie, il lui fit donner le double de la somme promise et lui fit crever les yeux, de peur qu'il ne lui prît envie de doter la ville des Médicis d'un chef-d'œuvre pareil à celui qu'il possédait.

L'heure était venue de me rendre chez la comtesse Waninkoff. J'y trouvai Louise installée. Cependant, tout ce qu'on avait pu obtenir d'elle, c'est qu'elle ne partirait que le surlendemain au matin. Quant à l'enfant, il était déjà devenu le maître de la maison : au moindre cri qu'il jetait, tout le monde était sur pied, et je trouvai la nourrice dans un magnifique costume national que lui avaient acheté les deux jeunes filles.

On devine que la conversation ne roula que sur l'exil de Waninkoff et le dévouement de Louise. Tout le monde ignorait comment il se trouvait au fond de la Sibérie, s'il était libre ou prisonnier; et l'hiver qui s'approchait, et pendant lequel le froid, dans ces contrées septentrionales, s'élève quelquefois jusqu'à quarante et quarante-cinq degrés, inspirait les plus vives inquiétudes aux pauvres femmes, qui savaient le comte Alexis habitué, comme la plupart des jeunes gens russes nobles et riches, à toutes les jouissances du luxe et à toutes les mollesses de l'Orient. Aussi, sous prétexte d'adoucir l'exil de Waninkoff, on avait déjà offert à Louise, sous mille formes différentes, une véritable fortune; mais, excepté des fourrures, elle avait tout refusé, disant que Waninkoff avait surtout besoin d'amour, de soins et de dévouement, et qu'elle lui en portait tout un trésor.

J'eus à mon tour ma part d'offres, que je refusai comme avait fait Louise. Cependant je me laissai tenter par un sabre turc qui avait appartenu au comte, et qui était plus précieux au reste par sa trempe que par sa monture.

Si fatigués que nous fussions de deux

jours et de deux nuits de voyage, cette excellente famille, qui croyait revoir en nous quelque chose de celui qu'elle avait perdu, nous retint jusqu'à minuit. Enfin, à minuit, j'obtins la permission de me retirer. Quant à Louise, il était décidé depuis le matin qu'elle ne rentrerait pas à l'hôtel, et on lui avait à l'instant même préparé la plus belle chambre de la maison.

J'avais, avant de le quitter, prévenu Ivan que le lendemain je comptais aller déjeuner à Petroskoï, de sorte qu'à sept heures du matin il était à ma porte avec un droschki. C'était, on se le rappelle, un pèlerinage national que j'accomplissais. C'est à Petroskoï que Napoléon se retira pendant les trois jours que dura l'incendie de Moscou.

Trois quarts d'heure après notre départ de l'hôtel, nous étions au château, qui donne son nom à un charmant village composé presque entièrement des plus riches maisons de campagne des plus riches seigneurs de Moscou. C'est un bâtiment d'une forme étrange, qui, par sa bizarrerie moderne, cherche à imiter le style des anciens palais tartares. Avant d'y arriver, je traversai un petit bois où, au milieu des sapins noirs, je saluai avec une joie presque enfantine quelques beaux chênes verts qui me rappelaient nos majestueuses forêts de France.

En sortant du château, Ivan, qui m'avait quitté pendant quelques minutes pour aller commander le déjeuner à l'auberge, revint me dire tout joyeux que, par un hasard qui m'était des plus favorables, des bohémiens avaient fait élection de domicile cette année à Petroskoï. Je connaissais la passion des grands seigneurs russes pour ces *tsiganes*, qui sont pour eux ce que les almées sont pour les Égyptiens et ce que les bayadères sont pour l'Inde, de sorte qu'après avoir tâté mes poches, je résolus de me donner, en déjeunant, un plaisir princier. En conséquence je dis à Ivan de me conduire à la maison des bohémiens, curieux que j'étais de voir par moi-même, et chez eux, ces descendants des Cophtes et des Nubiens.

Ivan s'arrêta devant une des plus belles maisons du village : c'était là que nos tsiganes avaient fait élection de domicile; mais ils étaient déjà en course, ayant été appelés pendant la nuit dans différents palais dont ils n'étaient point encore revenus. Cette réponse nous fut faite par une servante maltaise qui était à leur service, et qui parlait un peu italien. Je lui demandai alors si, en l'absence des maîtres, je pouvais sans indiscrétion visiter leur demeure. Elle me répondit que oui, et la porte du sanctuaire me fut ouverte.

La chambre où je fus introduit, et qui était la chambre commune, pouvait avoir une trentaine de pieds de longueur sur vingt de largeur. Aux deux côtés étaient rangés des lits garnis de matelas, de draps et de couvertures, beaucoup meilleurs et surtout beaucoup plus propres que ne le sont ordinairement les lits russes. Ces lits se ressentaient même de l'origine orientale de ceux qui les occupaient; car, sur quelques-uns, je comptai jusqu'à six et huit coussins d'espèces différentes.

Les uns étaient de longs traversins, les autres des oreillers de la grandeur des petits carreaux que nos femmes mettent sous leurs pieds. A la tête de chaque lit étaient suspendus les instruments, les armes ou les bijoux de celui ou de celle à qui le lit appartenait.

Après avoir fait deux ou trois fois le tour de cette espèce de dortoir, voyant que les tsiganes ne rentraient point, j'exprimai à leur servante, en même temps que le désir d'avoir quatre ou cinq bohémiens pendant mon déjeuner, la crainte qu'ils ne fussent trop fatigués pour venir, ayant passé la nuit dehors. Mais la jeune fille me rassura en me disant que je pouvais compter sur les premiers rentrés, et que, si fatigués qu'ils fussent, ils dormiraient plus tard.

Le maître du restaurant où Ivan avait commandé le déjeuner était un Français resté dans le pays après la retraite, et qui, ayant été cuisinier chez le prince de Neufchâtel, avait songé à utiliser ses talents. En Russie, les cuisiniers et les professeurs sont toujours sûrs de ne pas rester longtemps sans place; de sorte que, sur le prospectus de son savoir, il était promptement entré au service d'un prince russe. La maison était bonne; au bout de sept ou huit ans il s'était retiré avec une somme considérable, et avait fondé ce restaurant où il était en voie de faire fortune. Le digne maître d'hôtel, sachant qu'il avait affaire à un compatriote, m'avait traité en conséquence, et je trouvai un déjeuner magnifique servi dans la plus belle chambre de son établissement. Ce luxe me fit frémir pour ma bourse, mais il était arrêté que je passerais une matinée de grand seigneur, et qu'Ivan partagerait ma fastueuse prodigalité.

Nous en étions au dessert, et je commençais à perdre l'espoir de voir arriver nos bohémiens, lorsque notre hôte monta lui-même nous dire qu'ils étaient en bas. Je donnai aussitôt l'ordre qu'ils fussent introduits, et je vis entrer deux hommes et trois femmes.

Au premier abord, je l'avoue, j'eus quelque peine à comprendre la passion des Russes pour ces créatures étranges parmi lesquelles le fameux comte Tolstoy et le prince Gagarin ont été chercher des femmes légitimes. Deux ne me parurent aucunement jolies; quant à la troisième, qui se présentait avec la confiance que donne la supériorité de la beauté ou du talent, elle me fit plutôt l'effet, comme ses compagnes, d'une espèce d'animal sauvage à formes humaines que d'une femme. En effet, ses yeux noirs tout chargés de fatigue avaient l'expression farouche de ceux d'une gazelle à demi endormie, tandis que sa peau cuivrée avait quelque chose de la robe d'un serpent. Au reste, sous des lèvres presque livides étincelaient des dents blanches comme des perles, et d'un large pantalon à la turque sortaient des pieds d'enfant, petits et fins comme je n'en avais jamais vu. Tous, d'ailleurs, hommes et femmes, semblaient exténués, si bien que je crus que l'amour du gain l'avait emporté sur leurs forces, et que je commençais à regretter qu'au lieu de dormir plus tard ils n'eussent pas dormi plus tôt.

Le plus vieux des hommes, qui semblait exercer une certaine autorité patriarcale sur la troupe, s'assit, une guitare à la main, sur un de ces poêles gigantesques qui tiennent en Russie le tiers de toute chambre tant soit peu confortable, et pendant qu'il tirait quelques sons de son instrument, l'autre homme et les deux femmes s'accroupirent à ses pieds. La plus jolie et la plus élégante des trois femmes resta seule debout, un peu affaissée sur elle-même, les genoux légèrement pliés et la tête inclinée sur son épaule, comme un oiseau qui cherche l'abri de son aile pour s'endormir.

Bientôt les sons incertains se changèrent en accords, puis à la suite d'un accord, et sans préparation aucune, le joueur de guitare entonna soudainement une *canson* ou plutôt une cantate vive, animée, stridente, qu'après quelques mesures les deux femmes et l'homme accroupi accueillirent par un chœur, pendant lequel la bohémienne qui était restée debout sembla se réveiller, secouant doucement la tête comme pour marquer la cadence; puis, lorsque le chœur fut fini, elle fit sortir de cette touffe de notes, si je puis parler ainsi, un chant élégant, doux, mince et délié qui finit par s'épanouir dans un flot de petites notes hautes, d'une justesse miraculeuse et d'un charme étrange; alors le chœur reprit, et sur ce chœur elle greffa de nouveau sa suave et mélodieuse improvisation. Enfin, interrompue une seconde fois par le chœur, elle reprit une troisième fois, toujours avec la même justesse et la même suavité, comme si elle eût eu un bouquet à composer avec trois fleurs de couleurs et de parfums différents, et à son tour le chœur reprit une dernière fois et finit *smorzando;* on eût dit que les forces des exécutants s'étaient éteintes dans la dernière note triste comme un dernier soupir.

Je ne puis exprimer l'impression âcre et profonde que produisit sur moi ce chant sauvage et cependant si mélodieux. C'était comme celui que ferait entendre tout à coup, dans un de nos parcs habitués aux gazouillements du rossignol et de la fauvette, quelque oiseau inconnu des forêts vierges de l'Amérique, qui chante non plus pour les hommes, mais pour le désert et pour Dieu. J'étais resté immobile et les yeux fixés sur la chanteuse, sans oser respirer et le cœur serré comme par une douleur. Tout à coup la guitare pétilla sous les doigts du vieux bohémien en accords frissonnants, les femmes et l'homme accroupi bondirent de leurs places et retombèrent sur leurs pieds; une mesure pleine d'énergie donna le signal de la danse; et, se prenant par la main, les trois bohémiens commencèrent une espèce de ronde autour de la danseuse, l'enfermant dans leurs bras comme dans un cercle, tandis qu'elle, se balançant sur elle-même, semblait s'animer de plus en plus jusqu'à ce qu'enfin, les autres s'étant arrêtées, ce fut elle qui, brisant la chaîne qu'ils avaient formée, commença de bondir à son tour.

L'espèce de pas qu'accomplissait la bohémienne était plutôt d'abord une pantomime qu'une danse. Comme un papillon qui sort de sa chrysalide et qui voit pour la première fois l'espace ouvert à ses ailes, elle semblait voler incertaine et prête à se poser sur tout; elle faisait avec ses petits pieds des pas immenses et si légers, qu'on l'eût crue soutenue par quelque fil comme nos sylphides de l'Opéra. Pendant ce temps, ses membres, que j'avais crus brisés par la fatigue, reprenaient la souplesse et la force de ceux d'une gazelle; ses yeux, qui semblaient endormis, s'étaient ranimés et jetaient des flammes; ses lèvres, qui d'abord avaient semblé pouvoir à peine s'ouvrir, se relevaient lascivement aux deux coins de la bouche, et laissaient voir comme une bordure de perles deux rangées de dents magnifiques : le papillon était devenu femme, et la femme devenait bacchante.

Alors, et comme emporté lui-même par les vibrations de la guitare et attiré à la poursuite de la bohémienne, l'homme s'élança à son tour, et la toucha de ses lèvres à l'épaule; la jeune sauvage bondit en jetant un cri, comme si un fer rouge l'eût touchée. Alors commença entre eux une espèce de course circulaire où la femme parut peu à peu perdre de son envie de fuir; enfin elle s'arrêta, fit face à son partner, et commença une espèce de danse qui tenait à la fois de la pyrrhique grecque, du jaleo espagnol et de la chica américaine : c'était tout ensemble une fuite et une provocation, une lutte dans laquelle la femme échappait comme une couleuvre et où l'homme poursuivait comme un tigre. Pendant ce temps la musique montait toujours plus vibrante ; les deux autres femmes criaient et bondissaient comme des hyènes amoureuses, frappant la terre de leurs pieds, et heurtant leurs mains comme des cymbales ; enfin, chanteurs et chanteuses, danseur et danseuse, ayant paru atteindre le dernier degré des forces humaines, jetèrent tous ensemble un cri d'épuisement, de rage et d'amour ; les deux femmes et l'homme tombèrent sur le plancher, et la belle bohémienne, faisant un dernier bond, s'élança sur mes genoux au moment où je m'y attendais le moins, et m'enlaçant de ses bras comme d'un double serpent, elle appuya sur mes lèvres ses lèvres parfumées par je ne sais quelle herbe d'Orient.

C'était sa manière de demander ce qui

lui était dû pour le spectacle miraculeux qu'elle venait de me donner.

Je vidai mes poches sur la table, et je fus bien heureux de n'avoir que deux à trois cents roubles: j'aurais eu une fortune, je la lui aurais donnée.

Je comprenais la passion des Russes pour les bohémiennes.

XXIII

Plus le moment du départ de Louise approchait, plus une idée, qui s'était déjà présentée plusieurs fois à son esprit, revenait s'offrir, si je puis m'exprimer ainsi, à mon cœur et à ma conscience. Je m'étais informé à Moscou des difficultés que présente la route jusqu'à Tobolsk à cette époque de l'année, et tous ceux à qui je m'étais adressé m'avaient répondu que c'étaient non-seulement des difficultés que Louise aurait à vaincre, mais des périls réels qu'il lui faudrait surmonter. Dès lors, on le comprend bien, j'étais tourmenté de l'idée d'abandonner ainsi à son dévouement une pauvre femme, à huit cents lieues de son pays, dont elle allait s'éloigner de neuf cents autres lieues encore, sans famille, sans parents, sans autre ami que moi enfin. La part que j'avais prise à ses joies et à ses douleurs, depuis près de dix-huit mois que j'étais à Saint-Pétersbourg; la protection que, sur sa recommandation, m'avait accordée le comte Alexis, protection à laquelle j'avais dû la place que l'empereur avait daigné m'accorder; enfin, plus que tout cela, cette voix intérieure qui dicte à l'homme son devoir dans les grandes circonstances de la vie où son intérêt combat sa conscience, tout me disait que je devais accompagner Louise jusqu'au terme de son voyage, et la remettre aux mains d'Alexis. D'ailleurs, je sentais que, si je la quittais à Moscou, et s'il lui arrivait quelque accident en route, ce ne serait pas seulement pour moi une douleur, mais un remords. Je résolus donc (car je ne me dissimulais pas les inconvénients qu'avait pour moi et dans ma position un pareil voyage, dont je n'avais pas demandé la permission à l'empereur, et qui serait peut-être mal interprété), je résolus de faire tout ce qui serait en mon pouvoir pour obtenir de Louise qu'elle retardât son voyage jusqu'au printemps, et, si elle persistait dans sa résolution, de partir avec elle.

L'occasion ne tarda point à se présenter de tenter un dernier effort auprès de

Louise. Le soir même, et comme nous étions assis, la comtesse, ses deux filles, Louise et moi, autour d'une table à thé, la comtesse lui prit les deux mains dans les siennes, et lui racontant tout ce qu'on lui avait dit des dangers de la route, elle la supplia, quelque désir de mère qu'elle eût que son fils eût une consolatrice, de passer l'hiver à Moscou près d'elle et avec ses filles. Je profitai de cette ouverture et joignis mes instances aux siennes; mais Louise nous répondit toujours, avec son doux et mélancolique sourire : « Soyez tranquilles, j'arriverai. » Nous la suppliâmes alors d'attendre au moins l'époque du traînage; mais elle secoua de nouveau la tête, en disant : « Ce serait trop long. » En effet, l'automne était humide et pluvieux, de sorte qu'on ne pouvait préjuger vers quelle époque les froids commenceraient. Et comme nous insistions toujours : « Voulez-vous donc, dit-elle avec quelque impatience, qu'il meure là-bas et moi ici? » C'était, comme on le voit, une résolution prise, et de mon côté je n'hésitai plus.

Louise devait partir le lendemain à dix heures, après le déjeuner que nous étions invités à prendre ensemble chez la comtesse. Je me levai de bonne heure, et j'allai acheter une redingote, un bonnet, de grosses bottes en fourrures, une carabine et une paire de pistolets. Je chargeai Ivan de mettre tout cela dans la voiture de voyage, qui était, comme je l'ai dit, une excellente berline de poste, que nous serions forcés de quitter sans doute pour prendre ou un télègue ou un traîneau, mais dont nous comptions profiter au moins tant que le temps et le chemin nous le permettraient. J'écrivis à l'empereur qu'au moment de voir monter en voiture, pour un si long et si dangereux voyage, la femme à laquelle il avait daigné accorder une si généreuse protection, je n'avais pas eu le courage, moi, son compatriote et son ami, de la laisser partir seule; que je priais en conséquence sa majesté d'excuser une résolution pour laquelle je n'avais pu lui demander son consentement, puisque cette résolution était spontanée, et de l'envisager surtout sous son véritable jour. Puis je me rendis chez la comtesse.

Le déjeuner, comme on le pense bien, fut triste et grave. Louise seule était radieuse; il y avait en elle, à l'approche du danger et à la pensée de la récompense qui devait le suivre, quelque chose de l'inspiration religieuse des anciens chrétiens prêts à descendre dans le cirque au-dessus duquel le ciel s'ouvrait : au reste, cette sérénité pénétrait en moi-même, et, comme Louise, j'étais plein d'espérance et de foi en Dieu.

La comtesse et ses deux filles conduisirent Louise dans la cour où l'attendait la voiture; là les adieux se renouvelèrent plus tendres et plus douloureux de leur part, plus résignés encore de la part de Louise; puis vint mon tour; elle me tendit la main, je la conduisis à la voiture.

— Eh bien! me dit-elle, vous ne me dites pas adieu, vous?

— Pour quoi faire? répondis-je.

— Comment? mais je pars.

— Moi aussi.

— Comment? vous aussi?

— Sans doute, vous connaissez le caillou du poète persan qui n'était pas la fleur, mais qui avait vécu près d'elle.

— Après?

— Eh bien! le dévouement m'a gagné, et je pars avec vous; je vous remets au comte, saine et sauve, et je reviens.

Louise fit un mouvement comme pour m'en empêcher, puis après un instant de silence :

— Je n'ai pas le droit, dit-elle, de vous empêcher de faire une belle et sainte action; si vous avez confiance en Dieu comme moi, si vous êtes résolu comme je suis décidée, venez.

En ce moment je sentis qu'on prenait mon autre main pour la baiser: c'était la pauvre mère ; quant aux deux filles, elles pleuraient.

— Soyez tranquilles, leur dis-je, il saura par moi que, si vous n'êtes pas venues, vous, c'est que vous ne pouviez pas venir.

— Oh ! oui, dites-le-lui bien, s'écria la mère ; dites-lui que nous l'avons fait demander, mais qu'on nous a répondu qu'il n'y avait pas d'exemple qu'une pareille grâce ait jamais été accordée ; dites-lui que, si on nous l'avait permis, nous eussions été le rejoindre, fût-ce à pied, fût-ce en demandant l'aumône par les chemins.

— Nous lui dirons ce qu'il sait déjà : c'est que vous avez un véritable cœur de mère, et voilà tout.

— Apportez-moi mon enfant, s'écria alors Louise qui était restée ferme jusque-là, mais qui à ces paroles éclata en sanglots ; apportez-moi mon enfant, que je l'embrasse une dernière fois.

Ce fut alors le moment le plus cruel : on lui apporta l'enfant qu'elle couvrit de baisers ; enfin je le lui arrachai des bras, je le remis à la comtesse, et, sautant en voiture, je refermai la portière en criant : Allons. Ivan était déjà sur le siége, le postillon ne se le fit pas redire, il partit au grand galop, et au milieu du bruit des roues sur le pavé nous entendîmes encore une fois les adieux de toute la famille, dernier cri de séparation, dernier souhait de bon voyage. Dix minutes après nous étions hors de Moscou.

J'avais prévenu Ivan que notre intention était de ne nous arrêter ni jour ni nuit, et cette fois l'impatience de Louise était d'accord avec la prudence, car, ainsi que je l'ai dit, l'automne avait pris un caractère pluvieux, et il était possible que nous arrivassions à Tobolsk avant les premières neiges, ce qui enlevait tout danger à la route et nous permettait de la faire en une quinzaine de jours. Nous traversâmes donc, avec cette rapidité merveilleuse des voyages en Russie, Pokrow Wladimir et Kourow, et nous arrivâmes le surlendemain, dans la nuit, à Nijnéi Novgorod. Là je fus le premier à exiger de Louise qu'elle prît quelques heures de repos, dont, à peine remise qu'elle était de ses souffrances et de ses émotions, elle avait grand besoin. Si curieuse que fût la ville, nous ne prîmes cependant pas le temps de la visiter, et sur les huit heures du matin nous repartîmes avec la même rapidité, si bien que le soir du même jour nous arrivâmes à Kosmodemiansk. Jusque-là tout avait été à merveille, et nous ne nous apercevions aucunement que nous fussions sur la route de la Sibérie. Les villages étaient riches et avaient tous plusieurs *cerquias**; les paysans paraissaient heureux, leurs maisons ressemblaient aux châteaux des autres provinces, et dans chacune de ces maisons d'une propreté exquise nous trouvions à notre grand étonnement une salle de bain et un riche cabaret pour servir le thé. Au reste, nous étions accueillis partout avec le même empressement et la même bonhomie, ce qu'il ne fallait pas attribuer à l'ordre de l'empereur, dont nous n'avions pas encore eu besoin de faire

* Nom que l'on donne aux églises russes.

usage, mais à la bienveillance naturelle des paysans russes.

Cependant la pluie avait cessé de tomber, quelques rafales de vent froid, qui semblaient venir de la mer Glaciale, passaient de temps en temps sur nos têtes, et nous faisaient frissonner; le ciel semblait une immense plaque d'étain lourde et compacte, et Kasan, où nous arrivâmes bientôt, ne put, malgré l'étrange aspect de sa vieille physionomie tartare, nous arrêter plus de deux heures. Dans toute autre circonstance, j'aurais cependant eu grande envie de soulever quelqu'un des grands voiles des femmes de Kasan, que l'on dit si belles, mais ce n'était pas le moment de me livrer à des investigations de ce genre; l'aspect du ciel devenait de plus en plus menaçant; nous n'entendions plus guère la voix d'Ivan que lorsqu'il disait à chaque nouveau postillon, d'une de ces voix qui n'admettent pas de réplique : *Pascare, Pascare;* plus vite, plus vite; si bien, que nous semblions voler sur cette vaste plaine où pas un monticule ne vient retarder la marche. Il était évident que le grand désir de notre conducteur était de traverser les monts Ourals avant que la neige fût tombée, et que la diligence qu'il s'imposait n'avait pas d'autre but.

Cependant, en arrivant à Perm, Louise était si fatiguée, que force nous fut de demander à Ivan une nuit; il hésita un instant, puis, regardant le ciel plus mat et plus menaçant encore que d'habitude : Oui, dit-il, restez; la neige ne peut tarder maintenant à tomber, et mieux vaut qu'elle nous prenne ici que par les chemins. — Si peu rassurant que fût ce pronostic, je n'en dormis pas moins avec délices toute la nuit; mais, lorsque je me réveillai, la prédiction d'Ivan s'était accomplie, les toits des maisons et les rues de Perm s'étaient couverts de près de deux pieds de neige.

Je m'habillai promptement, et je descendis pour me concerter avec Ivan sur ce qu'il y avait à faire. Je le trouvai fort inquiet; la neige était tombée avec une telle abondance, que tous les chemins avaient dû disparaître et tous les ravins se combler; cependant il ne faisait point assez froid encore pour que le traînage fût établi, et que la légère croûte de glace qui recouvrait les rivières fût assez forte pour porter les voitures. Ivan nous donnait donc le conseil d'attendre à Perm que la gelée se déclarât; je secouai la tête, car j'étais bien sûr que Louise n'accepterait pas.

En effet, nous la vîmes descendre un instant après, fort inquiète elle-même; elle nous trouva discutant sur le meilleur parti qu'il y avait à prendre, et vint se mêler à notre discussion pour la fixer, en disant qu'elle voulait partir; nous lui rappelâmes alors toutes les difficultés qui pouvaient contrarier l'exécution de ce projet; puis, lorsque nous eûmes fini : Je vous donne deux jours, dit-elle; Dieu, qui nous a protégés jusqu'ici, ne nous abandonnera pas. — Je craignais d'avoir l'air plus timide qu'une femme, et, au ton doux mais ferme des paroles que Louise venait d'adresser à Ivan, j'avais reconnu que c'était un ordre; je lui répétai donc que nous lui donnions deux jours, et l'invitai, pendant ces deux jours, à faire tous les préparatifs nécessaires à notre nouvelle manière de voyager.

Ces dispositions consistaient à laisser là notre berline et à acheter un télègue, espèce de petite charrette de bois non suspendue, que nous devions plus tard, et lorsque le froid serait déclaré, troquer contre un traîneau monté sur patins. L'achat fut fait dans la journée, et nos fourrures et nos armes transportées dans notre nouvelle acquisition. Ivan, en véritable Russe qu'il était, avait obéi sans faire une seule observation, et, le même jour, quelque certitude qu'il eût du péril, il eût été prêt à repartir sans murmurer.

A Perm, nous commençâmes à rencontrer des exilés : c'étaient des Polonais qui avaient pris une part lointaine à la conspiration, ou qui ne l'avaient pas révélée, et qui, pareils à ces âmes que Dante rencontre à l'entrée de l'enfer, n'avaient pas été dignes d'habiter avec les parfaits damnés.

Cet exil, au reste, à part la perte de la patrie et l'éloignement de la famille, est aussi tolérable qu'un exil peut l'être. Perm doit être, l'été, une jolie ville, et l'hiver le froid ne s'y élève guère au-dessus de 35° à 38°, tandis qu'à Tobolsk on cite des époques où il est monté jusqu'à 50°.

Le surlendemain, nous nous remîmes en route dans notre télègue, de la dureté duquel, grâce à l'épaisse couche de neige qui recouvrait la terre, nous ne nous apercevions pas ; au reste, en sortant de Perm, l'aspect nouveau qu'avait pris le paysage nous avait serré le cœur. En effet, sous le linceul étendu par la main de Dieu, tout avait disparu, route, chemins, rivières : c'était une mer immense, où, sans quelques arbres isolés qui servaient de guide aux postillons familiers avec les localités, on eût eu besoin d'une boussole ainsi que sur une mer véritable. De temps en temps une sombre forêt de sapins aux branches frangées de diamants apparaissait comme une île, soit à notre droite, soit à notre gauche, soit sur notre passage, et, dans ce dernier cas, nous reconnaissions que nous ne nous étions point écartés du chemin à l'ouverture percée entre les arbres. Nous parcourûmes ainsi cinquante lieues de terrain à peu près, nous enfonçant dans un pays qui, à travers le voile qui le couvrait, nous paraissait de plus en plus sauvage. A mesure que nous avancions, les postes devenaient rares, au point d'être séparées quelquefois par trente verstes de distance, c'est-à-dire presque huit lieues. En arrivant à ces postes, ce n'était plus comme dans le trajet de Saint-Pétersbourg à Moscou, où nous trouvions toujours bruyante et joyeuse assemblée devant la porte ; c'était au contraire une solitude presque complète. Un ou deux hommes seulement se tenaient dans des cabanes chauffées par un de ces grands poêles, meuble obligé des plus pauvres chaumières ; au bruit que nous faisions, l'un d'eux s'élançait à poil nu sur un cheval, une grande gaule à la main, s'enfonçait dans quelque touffe de sapin, et en ressortait bientôt, chassant devant lui un troupeau de chevaux sauvages. Alors il fallait que le postillon de la dernière poste, Ivan, et quelquefois moi-même, nous saisissions les chevaux à la crinière pour les atteler de force à notre télègue. Ils nous emportaient avec une rapidité effrayante ; mais bientôt cette ardeur se calmait, car, comme il n'avait pas gelé encore, ils enfonçaient jusqu'au jarret dans la neige et se trouvaient promptement fatigués ; puis en arrivant, après être demeurés en route une heure de plus que nous n'y fussions restés en toute autre époque, nous perdions encore vingt ou vingt-cinq minutes à chaque poste, où toujours le même manége se renouvelait. Nous traversâmes ainsi tous les terrains qu'arrosent la Silwa et l'Ouja, dont les eaux, en roulant des parcelles d'or, d'argent et de platine, et des cailloux de malachite, ont indiqué la présence de ces riches métaux et de ces pierres précieuses. Tant que nous fûmes dans la circonférence exploitée, le pays que nous traversions, grâce aux villages qu'habitent les familles des mineurs, nous parut reprendre quelque vie ; mais bientôt nous eûmes franchi cette contrée, et nous commençâmes d'apercevoir à l'horizon, comme un mur de neige dentelé de quelques pics noirs, les monts Ourals, cette puissante barrière que la nature a posée elle-même entre l'Europe et l'Asie.

A mesure que nous approchions, je remarquais avec joie que le froid devenait plus vif, ce qui nous donnait quelque espoir que la neige prendrait assez de consistance pour que le traînage s'établît. Enfin nous arrivâmes au pied des monts Ourals, et nous nous arrêtâmes dans un misérable village d'une vingtaine de maisons, où nous ne trouvâmes d'autre auberge que la poste elle-même. Ce qui déterminait surtout notre halte en ce lieu, c'est que, le froid prenant de l'intensité, il nous fallait échanger notre télègue contre un traîneau. Louise se décida donc à passer dans cette misérable bicoque le temps que nous feraient perdre l'attente d'une gelée complète, la découverte d'un traîneau et la translation de nos effets dans ce nouveau véhicule ; nous entrâmes en conséquence dans ce que notre postillon appelait effrontément une auberge.

Il fallait que la maison fût bien pauvre, car, pour la première fois, nous ne trouvions pas le poêle classique, mais seulement, au milieu de la chambre, un grand feu dont la fumée s'échappait par un trou ménagé au toit; nous n'en descendîmes pas moins pour prendre notre place autour du foyer, que nous trouvâmes occupé déjà par une douzaine de rouliers qui, ayant comme nous à traverser les monts Ourals, attendaient, de leur côté, que le passage fût possible. Ils ne firent pas d'abord la moindre attention à nous; mais, lorsque j'eus jeté mon manteau, mon uniforme m'eut bientôt conquis une place;

on s'écarta respectueusement, et on nous laissa, pour Louise et moi, toute une moitié du cercle.

Le plus pressé était de nous réchauffer; aussi ce fut ce dont nous nous inquiétâmes d'abord; puis, lorsque nous eûmes repris un peu de chaleur, je commençai à m'occuper d'un soin non moins important, celui du souper. J'appelai l'hôte de cette malheureuse auberge, et je lui fis entendre ce que je désirais; mais ce désir lui sembla, à ce qu'il me parut, une prétention bien extravagante, car, à ma demande, il manifesta l'étonnement le plus profond, et m'apporta une moitié de pain noir, en me faisant entendre à son tour que c'était tout ce qu'il pouvait nous offrir. Je regardai Louise qui, avec son doux sourire résigné, étendait déjà la main, et je l'arrêtai, insistant auprès de l'hôte pour qu'il nous trouvât quelque autre chose ; mais le pauvre diable, comprenant d'après ma pantomime que j'étais mécontent de ce qu'il m'offrait et que je désirais mieux, alla m'ouvrir tout ce qu'il y avait d'armoires, de bahuts et de caisses dans sa pauvre baraque, en m'invitant à faire la recherche moi-même. En effet, en regardant avec attention les rouliers, nos commensaux, je remarquai que chacun d'eux tirait de sa valise son pain et un morceau de lard dont il le frottait, après quoi il remettait soigneusement son lard dans sa valise, pour que ce raffinemet de sensualité durât aussi long-temps que possible. J'allais demander à ces braves gens la permission de frotter au moins un peu notre pain à leur lard, lorsque je vis rentrer Ivan, qui, se doutant de la détresse où nous nous trouvions, était parvenu à se procurer du pain un peu moins bis et deux poulets auxqeuls, pour ménager notre sensibilité, il avait déjà tordu le cou. Dès-lors ce fut à notre tour de prendre en mépris nos hommes au lard, qui avaient paru rire sous cape de notre détresse, et qui maintenant étaient écrasés par notre luxe.

Il n'y avait pas de temps à perdre, car l'appétit, un instant suspendu par la vue du souper que nous avait d'abord offert notre hôte, revenait avec une rapidité effrayante : nous décidâmes que nous aurions un bouillon et du rôti. Ivan détacha une marmite que le postillon se mit à récurer de toute la force de ses bras, tandis que Louise et moi nous plumions les poulets et qu'Ivan confectionnait une broche. Au bout d'un instant tout était prêt: la marmite bouillait à gros bouillons, et le rôti, pendu par les pattes à une ficelle, tournait à miracle devant le brasier.

Comme nous commencions à être un peu rassurés sur notre souper, nous nous inquiétâmes de ce qui avait été résolu relativement au départ. Il avait été impossible de se procurer un traîneau, mais Ivan avait tourné la difficulté en faisant enlever les roues de notre télègue, et en le faisant monter sur patins. Le charron de l'endroit était à cette heure occupé à accomplir cette opération ; quant au temps, il paraissait tourner de plus en plus à la gelée, et il y avait espoir que nous pourrions partir le lendemain matin : cette bonne nouvelle redoubla notre appétit : il y avait long-temps que je n'avais si bien soupé que ce soir-là.

Pour les lits, on se doute bien que nous ne nous étions pas même informés s'il y en avait; mais nous avions de si excellentes fourrures que nous pouvions facilement suppléer à leur absence. Nous nous enveloppâmes de nos pelisses et de nos manteaux, et nous nous endormîmes, faisant des vœux pour que le temps se maintînt dans les bonnes dispositions où il était.

Vers les trois heures du matin, je fus réveillé par un picotement assez vif que j'éprouvais à la figure. Je me dressai sur mon séant, et j'aperçus, à la lueur d'un reste de flamme tremblotante au foyer, une poule qui s'était bien gardée de se montrer la veille, et qui, s'étant introduite dans la chambre, s'adjugeait les restes de notre souper. Ne sachant pas si le lendemain Ivan serait aussi heureux qu'il l'avait été la veille au soir, et instruit par expérience de ce qu'il fallait nous attendre à trouver dans les auberges de la route, je me gardai bien d'effaroucher l'estimable volatile, et je me recouchai au contraire, lui laissant toute facilité de continuer ses recherches gastronomiques. En effet, à peine étais-je retombé dans mon immobilité, qu'enhardie par l'impunité de sa première tentative, elle revint avec une familiarité charmante sautiller de mes pieds à mes genoux et de mes genoux à ma poitrine ; mais là s'arrêta son voyage : je la saisis d'une main par les pattes, de l'autre par la tête, et avant qu'elle eût eu le temps de jeter un cri, je lui avais tordu le cou.

On devine qu'après une pareille opération qui nécessitait l'application de toutes les facultés de mon esprit, j'étais peu disposé à me rendormir. Au reste, je l'eusse voulu, que la chose m'eût été à peu près impossible, grâce à deux coqs qui se mirent, de minute en minute, à saluer sur un ton différent le retour du matin. En conséquence, je me levai et j'allai étudier l'état du temps: il était tel que nous pouvions l'espérer, et la neige avait déjà pris assez de dureté pour que les patins du traîneau pussent glisser dessus.

En revenant près du foyer, je vis que je n'étais pas le seul que le chant du coq eût réveillé. Louise était assise tout enveloppée de ses fourrures, souriant comme si elle venait de passer la nuit dans le meilleur lit, et ne paraissait pas même songer aux dangers qui nous attendaient probablement dans les gorges des monts Ourals; quant aux rouliers, ils commençaient, de leur côté, à donner signe de vie : Ivan dormait comme un bienheureux. Quoique dans les circonstances ordinaires j'aie au plus haut degré la religion du sommeil, la situation était trop grave pour que je respectasse le sien. Les rouliers étaient venus tour à tour sur le seuil de la porte et se consultaient entre eux ; je voyais qu'il y avait discussion pour et contre le départ ; je réveillai donc Ivan pour qu'il prît part au conseil et qu'il s'éclairât à l'expérience de ces braves gens dont l'état était de passer et de repasser sans cesse d'Europe en Asie, et de faire, hiver comme été, la route que nous devions suivre.

Je ne m'étais pas trompé : il y avait division dans les opinions. Quelques-uns, et de ce nombre étaient les plus vieux et les plus expérimentés, voulaient demeurer un jour ou deux encore ; les autres, et c'étaient les plus jeunes et les plus entreprenants, voulaient partir, et Louise, qui entendait quelques mots de leur patois, était de l'avis de ces derniers.

Soit qu'Ivan fût accessible aux prières que lui adressait une jolie bouche, soit qu'effectivement le temps lui parût présenter des garanties, il se rangea du parti de ceux qui étaient pour le départ; et très-probablement par l'influence qu'exerçait naturellement son habit militaire dans un pays où l'uniforme est tout, il ramena à ce sentiment quelques-uns de ceux qui y étaient opposés : de sorte que, la majorité ayant fait loi, chacun commença ses préparatifs. La vérité est qu'Ivan craignait que, quelle que fût la résolution des voituriers, nous n'en fissions pas moins à notre tête, et il aimait mieux faire la route en compagnie que seul.

Comme c'était Ivan qui réglait nos comptes, je le chargeai d'ajouter au total que lui présenterait notre hôte le prix de sa poule, et je la lui remis à titre d'à-compte sur notre souper, en le priant d'y ajouter quelque autre provision, et surtout du pain moins bis, s'il était possible, que celui auquel nous avions failli être réduits la veille. Il se mit en quête, et bientôt il rentra avec une seconde poule, un jambon cru, du pain mangeable, et quelques bouteilles d'une espèce d'eau-de-vie rouge qui se fait, je crois, avec de l'écorce de bouleau.

Pendant ce temps, les voituriers attelaient leurs chevaux, et j'allai moi-même à l'écurie pour choisir les nôtres. Mais, selon l'habitude, ils étaient dans la forêt voisine. Notre hôte alors réveilla un enfant de douze à quinze ans qui dormait dans un coin, et lui ordonna d'aller faire la chasse. Le pauvre petit diable se leva sans murmurer, puis, avec l'obéissance passive du paysan russe, il prit une grande perche, monta sur un des chevaux des voituriers, et partit au galop. En attendant, les conducteurs devaient choisir un guide-chef chargé de prendre le commandement de la caravane; ce guide une fois élu, chacun devait s'abandonner à son expérience et à son courage, et lui obéir comme un soldat à son général : le choix tomba sur un voiturier nommé George.

C'était un vieillard de soixante-dix à soixante-quinze ans, à qui on en eût donné quarante-cinq à peine; aux membres athlétiques, aux yeux noirs ombragés d'épais sourcils grisonnants et à la longue barbe blanchissante. Il était vêtu d'une chemise de laine serrée autour du corps par une sangle de cuir, d'un pantalon de molleton rayé, d'un bonnet fourré et d'une peau de mouton, dont la laine était retournée en dedans. Il portait d'un côté, à la ceinture, deux ou trois fers à cheval qui cliquetaient l'un contre l'autre, une cuillère et une fourchette d'étain, un long couteau qui tenait le milieu entre un poignard et un couteau de chasse; de l'autre côté, une hache à manche court et une bourse dans laquelle étaient pêle-mêle un tournevis, une vrille, une pipe, du tabac, de l'amadou, un briquet, deux pierres à feu, des clous, des tenailles et de l'argent.

Le costume des autres voituriers était le même, à peu de chose près.

A peine George eut-il été revêtu du grade de guide-chef, qu'il débuta dans ses fonctions en ordonnant à tout le monde d'atteler sans retard, afin que l'on pût arriver pour coucher à une espèce de cabane située au tiers à peu près du passage ; mais, quelle que fût sa hâte de se mettre en route, je le priai d'attendre que nos chevaux fussent arrivés, pour que nous pussions partir tous ensemble. La demande nous fut accordée le plus gracieusement du monde. Les voituriers rentrèrent, et notre hôte ayant jeté quelques brassées de branches de sapins et de bouleaux sur le foyer, il s'en éleva une flamme dont, au moment de nous séparer d'elle, nous sentions mieux encore la valeur. Nous étions à peine rangés autour du feu, que nous entendîmes le galop des chevaux qui revenaient de la forêt; en même temps la porte s'ouvrit, et le malheureux enfant qui venait de les chercher se précipita dans la chambre en poussant des cris aigus et inarticulés; puis, fendant le cercle, il vint se jeter à genoux devant notre feu, les bras étendus presque dans la flamme et comme s'il voulait la dévorer. Alors toutes les facultés de son être parurent s'épanouir sous l'impression du bonheur dont il jouissait. Il resta un instant ainsi immobile, silencieux, avide; enfin ses yeux se fermèrent, il s'affaissa sur lui-même, poussa un gémissement et tomba. Alors je voulus le relever, et je le saisis par la main; mais je sentis avec horreur que mes doigts entraient dans ses chairs comme dans de la viande cuite. Je jetai un cri; Louise voulut prendre l'enfant dans ses bras, mais je l'arrêtai. Alors George se pencha sur lui, le regarda, et dit froidement : Il est perdu.

Je ne pouvais croire que ce fût vrai; l'enfant était visiblement plein de vie, il avait rouvert les yeux et nous regardait.

Je demandai à grands cris un médecin, mais personne ne répondait. Cependant, moyennant un billet de cinq roubles, un des assistants se décida à aller chercher dans le village une espèce de vétérinaire qui soignait à la fois les hommes et les chevaux. Pendant ce temps, Louise et moi nous déshabillâmes le malade, nous fîmes chauffer une peau de mouton au feu, et nous le roulâmes dedans; l'enfant murmurait des paroles de remerciement, mais ne remuait point et paraissait perclus de tous ses membres. Quant aux voituriers, ils étaient retournés à leurs chevaux et se disposaient à partir. J'allai à George, le suppliant d'attendre au moins un instant que le médecin fût arrivé; mais George me répondit : Soyez tranquille, nous ne partirons pas avant un quart d'heure, et dans un quart d'heure il sera mort. Je revins près du malade, que j'avais laissé sous la garde de Louise; il avait fait un mouvement pour se rapprocher encore du feu, ce qui nous donna quelque espoir. En ce moment le médecin entra, et Ivan lui expliqua dans quel but on l'avait envoyé chercher. Le médecin secoua la tête, s'approcha du feu, déroula la peau de mouton : l'enfant était mort.

Louise demanda où étaient les parents de ce malheureux enfant, afin de leur laisser une centaine de roubles; l'hôte répondit qu'il n'en avait point, et que c'était un orphelin qu'il élevait par charité.

XXIV

Les augures n'étaient pas heureux; néanmoins il était trop tard pour reculer; c'était George qui, à son tour, nous pressait; les voitures étaient rangées à la file à la porte de l'auberge; George était en tête de la caravane, au milieu de laquelle était notre télègue attelé de *troïka*, c'est-à-dire avec trois chevaux; nous y montâmes. Ivan s'installa avec le postillon sur un banc adapté à la place du siége, qui avait disparu dans la métamorphose de notre équipage, et, à un coup de sifflet prolongé, nous nous mîmes en route.

Nous étions déjà à une douzaine de verstes du village, lorsque le jour parut ; devant nous, comme si nous pouvions les toucher de la main, étaient les monts Ourals, où nous allions nous engager ; mais, avant d'aller plus loin, George prit hauteur, comme eût pu faire un capitaine de vaisseau, et reconnut au gisement des arbres que nous étions bien sur la route. Nous continuâmes donc, en prenant des précautions pour ne pas nous en écarter, et nous arrivâmes, en moins d'une heure, au versant occidental. Là il fut reconnu que la pente était trop rapide et la neige encore trop peu consolidée pour que chacune des voitures pût monter avec les huit chevaux qui la conduisaient. George décida que deux voitures seulement monteraient à la fois, et qu'on attellerait à ces deux voitures tous les chevaux de la caravane ; puis, ces deux voitures arrivées, les chevaux redescendraient pour en aller prendre deux autres, ainsi de suite, jusqu'à ce que les dix équipages qui composaient notre caravane eussent rejoint le premier. Deux chevaux étaient réservés pour être attelés en arbalète à notre traîneau. On voit que nos compagnons de voyage nous traitaient en frères, et cependant tout cela se faisait sans que nous eussions eu besoin d'exhiber une seule fois l'ordre de l'empereur.

Ici les dispositions changèrent. Comme notre équipage était le plus léger, nous passâmes du centre à la tête ; deux hommes nous précédèrent, armés de longues piques pour sonder le terrain. George prit notre premier cheval par la bride; deux hommes nous suivirent, entamant avec leur hache la neige derrière le traîneau, afin de laisser, aux endroits où avaient passé les roues, des traces qui pussent être suivies par une seconde, puis par une troisième voiture; je me plaçai entre le traîneau et le précipice, enchanté de trouver cette occasion de marcher un peu à pied, et nous commençâmes l'ascension, suivis par deux voitures.

Au bout d'une heure et demie de montée sans accident, nous arrivâmes à une espèce de plateau couronné de quelques arbres. L'endroit parut favorable pour la halte. Il restait huit autres voitures qui devaient monter deux par deux comme les premières : c'était donc l'affaire de huit heures, sans compter le temps que les chevaux mettraient à redescendre;

nous pouvions donc à peine espérer d'être réunis tous avant la nuit.

Tous les voituriers, moins deux restés en bas pour la garde des bagages, étaient montés avec nous afin d'examiner le terrain, et tous avaient reconnu que nous étions dans la véritable route. Comme il n'y avait qu'à suivre les traces faites, ils redescendirent avec les chevaux : quatre des leurs restèrent avec George, Ivan et moi, pour bâtir une baraque.

Louise était dans le traîneau, tout enveloppée de fourrures, et n'ayant rien à craindre du froid ; nous l'y laissâmes attendre tranquillement qu'il fût temps d'en sortir, et nous nous mîmes à abattre à grands coups de hache les arbres qui nous environnaient, moins quatre destinés à être les piliers angulaires de l'édifice. Alors, autant pour nous réchauffer que pour nous faire un abri, nous nous mîmes à bâtir une cabane qui, au bout d'une heure, grâce à la merveilleuse dextérité de nos architectes improvisés, se trouva construite. Aussitôt on creusa la neige intérieurement jusqu'à ce qu'on trouvât le sol; avec cette neige on calfeutra les dehors de la cabane; puis avec les branches inutiles on alluma un grand feu, dont la fumée s'échappa, comme d'habitude, par l'ouverture pratiquée au milieu du toît. La cabane était achevée, Louise était descendue et assise devant le foyer; la poule, plumée et pendue par les pattes à une ficelle, tournait symétriquement tantôt à droite tantôt à gauche, lorsque le second convoi arriva.

A cinq heures du soir toutes les voitures étaient rangées sur le plateau, et les chevaux dételés mangeaient leur paille de maïs : quant aux hommes, ils faisaient bouillir dans une grande marmite une espèce de *polenta*, qui, avec le lard cru dont ils frottèrent leur pain, et la bouteille d'eau-de-vie que nous leur abandonnâmes, forma tout leur souper.

Le repas achevé, nous nous casâmes du mieux que nous pûmes ; les voituriers voulaient nous laisser la cabane et dormir en plein air, au milieu de leurs chevaux ; mais nous exigeâmes positivement qu'ils profitassent de l'abri qu'ils avaient construit ; seulement il fut convenu que l'un d'eux resterait en sentinelle, armé de ma carabine, de peur des loups et des ours, et que d'heure en heure cette sentinelle serait relevée ; c'est en vain que nous fîmes, Ivan et moi, de vives instances pour ne point être exemptés de notre tour de garde.

Comme on le voit, notre position jusque-là était très tolérable; aussi nous endormîmes-nous sans trop souffrir du froid, grâce aux fourrures dont nous avait pourvus en abondance la comtesse Waninkoff, Nous étions au milieu de notre meilleur sommeil, lorsque nous fûmes réveillés par un coup de carabine.

Je bondis sur mes pieds, et, prenant un pistolet de chaque main, je m'élançai vers la porte ainsi qu'Ivan; quant aux voituriers, ils se contentèrent de soulever la tête en demandant ce que c'était, et il y en eut même deux ou trois qui ne se réveillèrent pas du tout.

C'était George qui venait de faire feu sur un ours; attiré par la curiosité, l'animal s'était approché à une vingtaine de pas de la cabane, puis, arrivé là, et pour mieux voir sans doute ce qui se passait chez nous il s'était dressé sur ses pattes de derrière : alors George avait profité de la position et lui avait envoyé une balle ; il rechargeait tranquillement sa carabine, de peur de surprise, lorsque j'arrivai près de lui. Je lui demandai s'il croyait l'avoir touché, il me répondit qu'il en était sûr.

Du moment où ceux qui avaient demandé ce que c'était eurent appris qu'il était question d'un ours, leur apathie fit place au désir de poursuivre l'animal ; mais comme effectivement l'ours était blessé, ce qu'il était facile de reconnaître aux larges traces de sang laissées sur la neige, George seul y avait des droits ; en conséquence, son fils, qui était un jeune homme de vingt-cinq à vingt-six ans, nommé David, lui demanda la permission de suivre la trace ; et, cette permission accordée, il s'éloigna dans la direction du sang ;

je le rappelai pour lui offrir ma carabine, mais il me fit signe qu'il avait son couteau et sa hache, et que ces deux armes lui suffisaient.

Je le suivis des yeux jusqu'à la distance de cinquante pas à peu près, et je le vis descendre dans un ravin, s'enfonçant dans l'obscurité, où il marcha courbé pour ne point perdre de vue les vestiges sanglants. Les voituriers rentrèrent dans la cabane; George continua sa faction qui n'était pas achevée, et comme j'étais réveillé de manière à ne pas me rendormir de quelque temps, je demeurai près de lui. Au bout d'un instant, il me sembla entendre, vers la direction dans laquelle avait disparu le fils de George, un rugissement sourd : le père l'entendit aussi, car, sans me rien dire, il me saisit le bras et me le serra avec force. Au bout de quelques secondes, un nouveau rugissement se fit entendre, et je sentis les doigts de fer de George se crisper encore davantage; puis il y eut un silence de cinq minutes à peu près, qui durent paraître cinq siècles au pauvre père; enfin, au bout de cinq minutes, un cri humain retentit : George respira bruyamment, lâcha mon bras, et se tournant de mon côté : — Nous aurons un meilleur dîner demain qu'aujourd'hui, dit-il, l'ours est mort.

— Oh! mon Dieu, George, murmura une voix douce derrière nous, comment avez-vous permis à votre fils de poursuivre seul et presque sans armes un pareil animal?

— Sauf votre respect, ma jolie dame, dit George avec un sourire d'orgueil, les ours, cela nous connaît; j'en ai pour mon compte tué plus de cinquante dans ma vie, et je n'ai jamais attrapé à cette chasse que quelques égratignures qui ne valent pas la peine d'en parler. Pourquoi arriverait-il plutôt malheur à mon fils qu'à moi?

— Cependant, lui dis-je, vous n'avez pas toujours été aussi tranquille que dans ce moment, témoin mon bras que j'ai cru que vous alliez me briser.

— Ah! me dit George, c'est que j'avais reconnu au rugissement de l'ours que lui et mon enfant se battaient corps à corps. C'est une faiblesse, c'est vrai, excellence; mais, que voulez-vous, un père est toujours père.

En ce moment le chasseur reparut à l'endroit même où je l'avais perdu de vue; car, pour revenir ainsi que pour aller, il avait suivi la trace du sang. Comme s'il voulait nous donner la preuve que sa faiblesse était passée, George s'abstint de faire même un pas au-devant de David, et j'allai seul à la rencontre du jeune homme.

Il rapportait les quatre pattes de l'animal, c'est-à-dire la partie qui passe pour la plus friande, et ces quatre pattes nous étaient destinées. Quant au reste, il n'avait pu le rapporter : l'ours était énorme et pesait au moins cinq cents.

A cette nouvelle, les dormeurs se réveillèrent tous jusqu'au dernier, et ce fut à qui s'offrirait pour aller chercher les quartiers de l'ours. Pendant ce temps, David ôtait sa peau de mouton et découvrait son épaule ; il avait reçu de son terrible antagoniste un coup de griffe qui lui avait mis l'os presque à découvert. Cependant il avait perdu peu de sang, le sang ayant gelé presque aussitôt. Louise voulut laver la plaie avec de l'eau tiède et la bander avec son mouchoir, mais le blessé secoua la tête et répondit que c'était déjà sec; puis il remit sa peau de mouton par-dessus, après avoir frotté, pour tout remède, son épaule avec un morceau de lard. Cependant son père lui défendit de quitter la cabane, et les six voituriers désignés par George pour aller chercher les quartiers de l'ours partirent seuls.

La faction de George était finie; il vint s'asseoir près de son fils, et un autre le remplaça. J'entendis alors que le jeune homme racontait au vieillard tous les détails du combat. Pendant ce récit, les yeux de George brillaient comme des charbons. Lorsqu'il eut fini, Louise offrit au blessé quelques-unes de nos fourrures pour s'envelopper, mais il refusa, posa sa tête sur l'épaule du vieillard et s'endormit.

Nous étions si fatigués que nous ne tardâmes point à en faire autant, et nous nous réveillâmes sur les cinq heures du matin, sans qu'aucun autre accident eût troublé notre sommeil.

Nos guides avaient déjà attelé la moitié de nos voitures et notre traîneau. Comme la montée était beaucoup moins rapide que la veille, ils espéraient cette fois n'avoir à faire que deux voyages. George prit, comme il l'avait déjà fait, la bride de notre premier cheval et conduisit la caravane ; son fils et un autre voiturier marchaient devant avec leurs longues lances pour sonder le terrain. Vers midi, nous arrivâmes au point le plus haut, non pas de la montagne, mais du passage. Il était temps de faire halte, si nous voulions que le reste des voitures pût nous rejoindre avant la nuit. Nous regardâmes tout autour de nous pour voir si nous ne trouverions pas, comme la veille, quelques bouquets de bois; mais, aussi loin que la vue pouvait s'étendre, la montagne était nue; il fut donc convenu que le second convoi rapporterait une charge de bois suffisante, non-seulement pour préparer le souper, mais encore pour faire du feu toute la nuit.

Quant à nous, nous étions désespérés de n'avoir pas eu cette idée tout d'abord, et nous étions en train d'établir tant bien que mal, avec quatre piques enfoncées en terre et la toile qui recouvrait une des voitures, une espèce de tente, lorsque nous vîmes revenir le fils de George avec deux chevaux qui arrivaient au grand trot, tout chargés de bois. Ces braves gens avaient pensé à nous, et, prévoyant que sans feu nous trouverions le temps long, ils nous envoyaient des combustibles. La tente était finie; nous grattâmes la neige comme d'habitude ; le fils de George creusa dans la terre un trou carré d'un pied à peu près de profondeur, alluma un premier fagot sur ce trou; lorsque le fagot fut brûlé, il remplit à moitié le trou de braise ardente, posa dessus deux des pattes de l'ours qu'il avait tué la veille, les recouvrit de charbons allumés comme il aurait pu faire de pommes de terre ou de châtaignes, puis il plaça sur cette espèce de four de campagne un second fagot, qui au bout de deux heures ne fut plus qu'un amas de cendres et de braises.

Cependant, tout en soignant les préparatifs du souper, notre cuisinier allait souvent à l'ouverture de notre tente interroger le temps; en effet, le ciel se couvrait de nuages, et un morne silence régnait dans l'atmosphère, indiquant quelque changement pour la nuit; or, tout changement dans notre situation ne pouvait que nous être préjudiciable. Aussi, lorsque le second convoi arriva, les voituriers se réunirent-ils en conseil, examinant le ciel et tendant la main au vent afin de savoir s'il se fixait enfin quelque part; le résultat fut sans doute assez peu satisfaisant, car ils vinrent s'asseoir tristement près du feu. Comme je ne voulais point paraître devant Louise partager cette inquiétude, je chargeai Ivan de s'informer de ce qu'ils craignaient; Ivan revint un instant après me dire que le temps tournait à la neige : ils craignaient donc pour le lendemain, outre les tempêtes et les avalanches, de ne pouvoir suivre exactement leur chemin, et, comme la route pendant toute la descente était bordée de précipices, la moindre déviation pouvait devenir mortelle. C'était justement le péril que je redoutais : aussi la nouvelle me trouva-t-elle tout préparé.

Quelque inquiétude qu'eussent nos compagnons de voyage, la faim ne perdait cependant point ses droits: aussi, à peine installés autour du brasier, se mirent-ils à couper des effilés de l'ours, qu'ils étendirent sur les charbons. Quant à nous, on nous réservait un mets plus délicat, c'était les pattes cuites à l'étouffé : aussi, lorsque celui qui s'était constitué notre cuisinier jugea qu'elles étaient à point, il écarta avec précaution les braises qui les enveloppaient, et les tira l'une après l'autre du brasier.

Cette fois encore, je l'avoue, l'impression fut peu flatteuse, les pattes avaient démesurément grossi, et présentaient une masse informe et assez peu attrayante. Après les avoir posées toutes fumantes sur un tronc de sapin que ses compagnons avaient scié la veille et avaient apporté pour nous faire une espèce de table, notre cuisinier commença, avec son couteau, à enlever la croûte qui les recouvrait. Cependant, comme à mesure que cette opération s'accomplissait, une odeur des plus succulentes se faisait sentir, je ne tardai pas à faire retour sur mes opinions, d'autant mieux que, n'ayant mangé depuis le matin qu'un peu de pain et de jambon cru, j'avais une faim atroce. Quant à Louise, elle regardait toutes ces préparations avec une répugnance visible, et avait déclaré positivement qu'elle ne mangerait que du pain.

Malheureusement, quand le repas fut

prêt, la vue faillit me faire perdre l'appétit qu'avait excité l'odorat : en effet, dépouillées ainsi de leur peau, les pattes de l'ours faisaient l'effet de deux mains de géant. Je restai donc, au grand étonnement des spectateurs, un instant indécis, attiré par l'odeur, repoussé par la forme, et assez désireux d'avoir un dégustateur du mets tant vanté. Je me tournai donc vers Ivan, qui convoitait ce rôti avec une gourmandise très visible, et lui fis signe d'y goûter; il ne se le fit pas dire deux fois, emprunta la fourchette et le couteau de son voisin, et, avec une satisfaction visible, il entama une des deux pattes; comme il n'y avait à se tromper ni à son assurance désintéressée, ni à sa satisfaction évidente, j'en fis autant que lui, et, à la première bouchée, je fus forcé de convenir qu'Ivan avait pleinement raison.

Quant à Louise, nos exemples ni nos prières ne purent rien sur elle; elle se contenta de manger un peu de pain et de jambon rôti, et, ne voulant pas boire d'eau-de-vie, elle se désaltéra avec de la neige.

Sur ces entrefaites la nuit était venue, et l'obscurité toujours croissante indiquait que le temps se chargeait de plus en plus; les chevaux se serraient les uns contre les autres avec une espèce d'inquiétude instinctive, et, de temps en temps, il passait des rafales de vent qui eussent emporté notre tente, si nos prévoyants compagnons n'eussent pris soin de l'adosser à un rocher; nous n'en fîmes pas moins nos dispositions pour dormir, si la chose nous était possible. Comme la tente n'offrait point un abri suffisant pour une femme, Louise rentra dans son traîneau, dont je fermai l'ouverture avec la peau de l'ours tué la veille, et je revins m'installer sous la tente que nos voituriers nous avaient abandonnée, prétendant qu'ils seraient très bien sous leurs chariots. Effectivement, la tente était trop petite pour les contenir tous; cependant nous insistâmes pour que la moitié de la troupe la partageât avec nous; mais ils refusèrent obstinément, et il n'y eut que le fils de George qui, sur l'ordre de son père, et souffrant encore de sa blessure de la veille, se décida enfin à rester notre camarade de chambrée. Quant aux autres, ils se placèrent, comme ils l'avaient dit, sous leurs voitures, à l'exception de George, qui, méprisant ce sybaritisme, se coucha tout bonnement à terre, enveloppé de ses peaux de mouton et la tête sur un rocher; un des voituriers resta, comme la veille, en sentinelle à la porte de la tente.

Comme je rentrais après avoir visité toutes ces dispositions extérieures, j'en vis une que je n'avais pas remarquée : c'était un grand amas de branches placé au milieu de la route, et auquel on commençait à mettre le feu. Ce second foyer, qui ne devait chauffer personne, me paraissait à peu près inutile ; je demandai donc dans quel but il était préparé ; le fils de George me répondit alors que c'était pour écarter les loups, qui, attirés par l'odeur de notre rôti, ne manqueraient pas de venir rôder autour de nous. La raison me parut suffisante et la précaution des mieux conçues : la sentinelle était chargée d'entretenir le feu de notre tente et le feu de la route.

Nous nous enveloppâmes dans nos pelisses, et nous attendîmes, sinon avec tranquillité, du moins avec résignation, les deux ennemis qui nous menaçaient, la neige et les loups. L'attente ne fut pas longue, et une demi-heure ne s'était point écoulée, que je vis tomber l'une, et que j'entendis dans le lointain les hurlements des autres. Cependant j'étais si fatigué, que, lorsque je vis, au bout d'une vingtaine de minutes, que ces hurlements, qui, je l'avoue, m'inquiétaient plus que la neige, quoiqu'ils fussent réellement moins dangereux, ne se rapprochaient point, je m'endormis profondément.

Je ne sais pas depuis combien de temps j'étais plongé dans ce sommeil, lorsque je sentis tomber sur moi une lourde masse. Je me réveillai en sursaut; j'étendis instinctivement les bras, mais je rencontrai un obstacle ; je voulus crier, mais ma voix se perdit étouffée. Dans le premier moment, j'ignorais complètement où j'étais;

puis, en rassemblant mes idées, je crus que la montagne s'était écroulée sur nous, et je redoublai d'efforts. Aux secousses qui l'ébranlaient, je sentis que je n'étais pas le seul Encelade enseveli sous ce nouvel Etna. J'étendis la main vers mon compagnon d'infortune, qui me saisit le bras et me tira à lui ; je cédai à l'impulsion, et je me trouvai la tête dehors. La toile de notre tente, surchargée de neige, s'était abattue sur nous et nous avait enveloppés comme dans un panneau ; mais le fils de George, tandis que je cherchais une issue impossible à trouver, l'avait éventrée avec son poignard, et, me saisissant d'une main et Ivan de l'autre, il nous faisait sortir avec lui par l'ouverture qu'il s'était frayée.

Il n'y avait point de sommeil à espérer pendant tout le reste de la nuit ; la neige tombait à flocons si pressés, que nos voitures avaient entièrement disparu sous la couche qui les recouvrait, et semblaient des monticules adhérens à la montagne. Quant à George, une légère élévation du terrain indiquait seule l'endroit où il était couché. Nous nous assîmes, les pieds au feu et le dos au vent, et nous attendîmes le jour.

Vers les six heures du matin, la neige cessa; et cependant malgré l'approche du jour, le ciel resta terne et lourd. Au premier rayon qui parut vers l'orient, nous appelâmes George, qui passa aussitôt sa tête à travers sa couverture de neige. Mais c'est tout ce qu'il put faire; sa peau de mouton était prise dans la neige solide, et le retenait comme cloué au sol. Il lui fallut faire un effort violent, à l'aide duquel il rentra en possession de lui-même.

Aussitôt, et à son tour, il appela les autres voituriers.

Alors nous les vîmes, les uns après les autres, passer leurs têtes à travers le rideau de neige qui avait fait du dessous de chaque voiture une espèce d'alcôve fermée. Leur premier regard se dirigea vers l'orient. Un jour pâle et triste y luttait avec la nuit, et il semblait que c'était la nuit qui dût remporter la victoire; l'aspect était inquiétant, car aussitôt ils se réunirent en conseil pour savoir ce qu'il fallait faire.

En effet, toute la nuit la neige était tombée, et à chaque pas que l'on faisait dans cette couche nouvelle, on y enfonçait jusqu'aux genoux. Tout chemin avait donc disparu, et les rafales de vent, qui avaient passé si violentes toute la nuit, avaient dû combler les ravins, qu'il devenait ainsi impossible d'éviter. D'un autre côté, nous ne pouvions rester à la même place, manquant de tout, sans feu, sans provisions, sans abri. Quant à retourner sur nos pas, cette résolution présentait tout autant de danger que d'aller en avant; d'ailleurs, cette opinion fût-elle celle de nos compagnons, nous étions bien résolus à ne pas l'adopter.

Au milieu de toutes ces discussions, Louise venait de sortir la tête de son traîneau et m'avait appelé; comme les autres voitures, il était complètement enseveli sous la neige, de sorte qu'au premier aspect elle avait jugé la position et deviné ce qui se passait. Je la trouvai ferme et calme comme toujours, et décidée à aller en avant.

Pendant ce temps, la discussion continuait entre nos voituriers, et je voyais, au geste rapide et à la parole animée de George, qu'il soutenait une opinion qu'il avait peine à faire adopter. En effet, George voulait aller en avant, et les autres voulaient attendre. George disait que la neige pouvait continuer de tomber ainsi pendant un jour ou deux, et rester, comme cela arrive quelquefois, une semaine et même plus sans prendre aucune consistance. Alors la caravane tout entière ne pourrait plus avancer ni reculer, et serait ensevelie vivante; au contraire, en continuant la marche le jour même, et tandis qu'il n'y avait encore que deux pieds de neige nouvelle, on pourrait le lendemain matin arriver à un village qui se trouve au bas du versant oriental, à une quinzaine de lieues d'Ekaterynbourg.

Cet avis, il faut bien le dire, quoiqu'il fût celui auquel d'avance je m'étais sympathiquement réuni, présentait bien des dangers. Le vent continuait à souffler avec violence; les chasse-neige et les avalanches sont d'ailleurs fréquens dans ces montagnes. Aussi une forte opposition se manifesta-t-elle contre l'opinion de George, et, au bout de quelque temps, elle dégénéra en révolte complète. Comme l'autorité dont il était investi n'était qu'une concession volontaire, ceux qui la lui avaient donnée pouvaient la lui retirer, et effectivement ils venaient de lui dire de continuer la route avec son fils et sa voiture, s'il voulait, lorsque Ivan, après être venu prendre mon avis et celui de Louise, plein de confiance comme nous dans l'expérience du vieux guide, s'avança et ordonna de mettre les chevaux aux équipages. Cet ordre excita d'abord l'étonnement, puis des murmures; mais alors Ivan tira

un papier de sa poche, et, le déployant :
Ordre de l'empereur, dit-il.— Aucun des voituriers ne savait lire, mais tous connaissaient le cachet impérial. Sans s'informer comment Ivan était porteur de cet ordre, sans discuter s'ils devaient y être soumis, ils coururent aux chevaux, qui, réunis en un seul groupe, se pressaient les uns contre les autres comme un troupeau de moutons, et au bout de dix minutes la caravane se trouva prête à partir.

Le fils de George prit les devans pour sonder le terrain, George et sa voiture se placèrent en tête de notre colonne. Notre traîneau suivait immédiatement, de sorte que, si l'équipage de George enfonçait dans quelque ravin, nous pourrions, nous, avec notre voiture légère, l'éviter facilement. Les autres venaient sur une seule ligne, car cette fois nous pouvions marcher tous ensemble. Ainsi que je l'ai dit, nous étions arrivés au plateau le plus élevé de la montagne, et nous n'avions plus qu'à redescendre.

Au bout d'un instant, nous entendîmes un cri, et nous vîmes s'enfoncer notre guide. Nous courûmes à l'endroit où il avait disparu : nous trouvâmes un trou d'une quinzaine de pieds de profondeur, au fond duquel la neige s'agitait, puis une main qui passait encore. En ce moment, le pauvre père accourut, tenant une longue corde à la main, afin qu'on la lui attachât autour du corps et qu'il pût s'élancer après son fils avec quelque espoir de le sauver. Mais un voiturier se présenta en disant qu'on avait besoin que George se conservât pour conduire la caravane, et que c'était à lui de descendre. On lui passa la corde sous les aisselles; Louise lui tendit sa bourse, qu'il mit dans sa poche en faisant un signe de tête et sans s'informer de ce ce qu'il y avait dedans; nous prîmes à six ou huit la corde, que nous laissâmes filer rapidement, de sort qu'il arriva au moment où la main commençait à disparaître. Alors, saisissant le malheureux par le poignet, en même temps que nous le tirions en haut, il parvint à l'enlever de la couche de neige où il était enseveli, et le prit tout évanoui dans ses bras; aussitôt nous redoublâmes d'efforts, et en un instant l'un et l'autre furent replacés sur un terrain solide.

Le pauvre père ne savait lequel il devait embrasser d'abord ou de son fils ou de celui qui l'avait été chercher au fond du ravin; mais, David étant évanoui, ce fut de lui qu'il s'occupa d'abord. L'évanouissement venait évidemment du froid; George fit donc avaler au malade quelques gouttes d'eau-de-vie qui le ranimèrent; puis on l'étendit sur une fourrure, on le déshabilla, on le frotta de neige par tout le corps, jusqu'à ce que la peau fût d'un rouge de sang, et alors, comme il remuait bras et jambes et qu'il n'y avait plus de danger, David pria lui-même que l'on continuât la route, disant qu'il se sentait en état de marcher; mais Louise n'y voulut pas consentir; elle le plaça près d'elle dans le télègue, et un autre voiturier le remplaça. Notre postillon monta sur un de ses chevaux, je me plaçai près d'Ivan sur le siège, et nous nous remîmes en marche.

La route tournait à gauche, s'escarpant aux flancs de la montagne; à droite s'étendait le ravin dans lequel était tombé le fils de George, ravin dont il était impossible de mesurer la profondeur, car, selon toutes les probabilités, David n'avait pas roulé au fond, mais s'était arrêté sur quelque accident de terrain qui l'avait heureusement retenu. Ce qu'il y avait de mieux à faire était donc de serrer autant que possible la paroi de rocher à laquelle, sans aucun doute, était adossé le chemin.

Cette manœuvre nous réussit, et nous marchâmes ainsi deux heures à peu près sans accident. Pendant ces deux heures, la descente était sensible, quoiqu'elle ne fût point rapide; nous étions alors arrivés à un bouquet d'arbres pareil à celui sous lequel nous nous étions arrêtés pendant la première nuit. Personne de nous n'avait mangé encore; nous résolûmes de nous arrêter une heure pour laisser reposer les chevaux, déjeuner et faire du feu.

Ce fut sans doute par une prévision toute miséricordieuse que Dieu plaça au milieu des neiges ces bois résineux si prompts à s'enflammer : aussi n'eûmes-nous besoin que d'abattre un sapin, et de secouer la neige qui pendait en franges à ses branches, pour nous faire un foyer splendide autour duquel, en un instant, nous fûmes tous groupés, et dont la chaleur acheva de remettre David. J'ambitionnais fort une troisième patte d'ours, mais nous n'avions pas le temps de préparer le fourneau nécessaire à sa cuisson ; je fus donc forcé de me contenter d'une tranche rôtie sur les charbons, tranche au reste que je trouvai excellente. Nous ne mangeâmes que la viande ; le pain était trop précieux : il ne nous en restait plus que quelques livres.

Cette halte, si courte qu'elle fût, avait fait grand bien à tout le monde, et hommes et animaux étaient prêts à repartir avec un nouveau courage, quand on s'aperçut que les roues ne tournaient plus : pendant notre station, une épaisse couche de glace avait emprisonné les moyeux, et il fallut la briser à coups de marteau pour que les roues pussent faire leur office. Cette opération nous prit encore au moins une demi-heure : il était près de midi lorsque nous nous remîmes en route.

Nous marchâmes trois heures sans accident, de sorte que nous devions avoir fait, depuis notre premier départ, près de sept lieues, lorsque nous entendîmes comme un craquement suivi d'un bruit pareil à celui que ferait un coup de tonnerre répété d'écho en écho : en même temps nous sentîmes passer comme un tourbillon de vent, et nous vîmes l'air obscurci d'une poussière de neige. A ce bruit, George arrêta court sa voiture : Une avalanche, cria-t-il, et chacun resta muet, immobile et attendant. Puis, au bout d'un instant, le bruit cessa, l'air s'éclaircit, et la rafale, comme une trombe, continua son chemin, balayant la neige et renversant deux sapins qui croissaient sur un roc à cinq cents pas au-dessous de nous. Tous les voituriers poussèrent un cri de joie : car, si nous eussions été d'une demi-verste plus avancés seulement, nous étions enlevées dans l'ouragan ou engloutis par l'avalanche ; en effet, à une demi-verste d'où nous étions, nous trouvâmes le chemin encombré par la neige.

Ce n'était pas, à vrai dire, un obstacle imprévu, car, dès que la trombe avait été aperçue, George m'avait manifesté la crainte qu'elle ne nous laissât cette trace de son passage. Nous n'en essayâmes pas moins, comme cette neige était légère et friable, de percer au travers, et nous poussâmes les chevaux dessus; mais les chevaux reculèrent comme si on les lançait sur un mur; nous les piquâmes avec nos lances pour les forcer d'avancer, ils se cabrèrent tout debout, puis retombèrent les pieds de devant dans cette neige qui, leur entrant dans les yeux et dans les naseaux, les rendit furieux et les fit reculer. Il était inutile d'essayer de forcer le passage, il fallait faire une trouée.

Trois rouliers montèrent sur la plus haute des voitures, et un quatrième se hissa sur leurs épaules, afin de dominer l'obstacle. L'éboulement pouvait avoir une vingtaine de pieds d'épaisseur; le mal était donc moins grand qu'on n'aurait pu le croire d'abord : il y avait, en nous y mettant tous, pour deux ou trois heures de travail.

Le ciel était si couvert que, quoiqu'il fût à peine quatre heures de l'après-midi, la nuit venait déjà, rapide et menaçante. Cette fois nous n'avions pas même le temps de nous construire le frêle abri d'une tente, et de plus nous n'avions aucun moyen de nous procurer du feu, puisque, aussi loin que la vue pouvait s'étendre, nous n'apercevions aucun arbre. Nous nous arrêtâmes donc à l'instant même; nous rangeâmes nos chariots en un arc dont l'éboulement faisait la corde, et, dans ce demi-cercle, nous enfermâmes les chevaux et le télègue. Toutes ces précautions étaient prises contre les loups, qu'il n'était plus possible, vu le manque de feu, de tenir à distance. A peine avions-nous fait ces dispositions, que nous nous trouvâmes dans une obscurité complète.

Il n'y avait guère moyen de songer à

souper; cependant nos rouliers mangèrent chacun un morceau de l'ours, paraissant trouver cette viande aussi bonne crue que cuite. Quant à moi, quelle que fût la faim que j'éprouvais, je ne pus surmonter le dégoût que m'inspirait cette chair crue : je me contentai donc de partager un pain avec Louise, puis j'offris ma dernière bouteille d'eau-de-vie; mais George refusa au nom de tous ses camarades, disant qu'il fallait la conserver pour les travailleurs.

Alors Louise, avec sa présence d'esprit ordinaire, me rappela qu'il y avait à notre berline de poste deux lanternes que j'avais bien recommandé à Ivan de mettre dans le télègue. Je l'appelai pour lui demander s'il avait suivi mes instructions à cet égard, et j'appris avec joie que les deux lanternes étaient dans le coffre. Je les en tirai aussitôt, et les trouvai toutes garnies de leurs bougies.

Ivan fit part à nos compagnons du trésor que nous venions de découvrir, et il fut reçu avec des cris de joie. Ce n'était pas un foyer qui pût écarter de nous les animaux de proie, mais c'était une lumière à l'aide de laquelle au moins nous pourrions être prévenus de leur approche. Les deux lanternes furent placées au bout de deux perches enfoncées solidement dans la neige; puis on les alluma, et nous vîmes avec satisfaction que leur lueur, toute pâle qu'elle était, suffisait, grâce à l'éclat de la neige, pour éclairer dans une circonférence d'une cinquantaine de pas les alentours de notre camp.

Nous étions dix hommes en tout; deux se placèrent en sentinelles sur les chariots, huit se mirent à travailler pour percer l'éboulement. Depuis deux heures de l'après-midi le froid avait repris toute sa force, de sorte que la neige présentait déjà assez de solidité pour qu'on pût y creuser un passage, quoiqu'elle ne fût pas assez compacte pour rendre cette besogne aussi fatigante qu'elle l'eût été deux jours plus tard. J'avais préféré être du nombre des travailleurs, car j'avais pensé que, forcé de me donner un mouvement continuel, je souffrirais moins du froid.

Pendant trois ou quatre heures nous travaillâmes assez tranquillement, et ce fut alors que mon eau-de-vie, si heureusement ménagée par George, fit merveille. Mais, sur les onze heures du soir, un hurlement si prolongé et si proche se fit entendre, que nous nous arrêtâmes tous; en même temps nous entendîmes la voix du vieux George que nous avions placé en sentinelle et qui nous appelait. Nous laissâmes notre travail aux trois quarts achevé, et nous courûmes aux chariots, sur lesquels nous montâmes. Il y avait déjà plus d'une heure qu'une douzaine de loups étaient en vue; mais, maintenus par la lumière de nos lanternes, ils n'osaient approcher, et on les voyait rôdant comme des ombres sur la limite de cette lumière, rentrant dans l'obscurité, puis reparaissant, puis disparaissant encore. Enfin, l'un d'eux s'était approché si près, et George, à son hurlement, avait tellement bien compris qu'il ne tarderait pas à s'approcher davantage encore, qu'il nous avait appelés.

J'avoue qu'au premier moment je fus médiocrement rassuré en voyant ces animaux monstrueux qui me paraissaient le double au moins de ceux d'Europe. Je n'en fis pas moins bonne contenance, m'assurant que ma carabine, que je tenais à la main, et que mes pistolets, que j'avais à ma ceinture, étaient bien amorcés. Tout était en bon ordre, et cependant, malgré le froid, je sentis une sueur tiède me passer sur le visage.

Nos huit chariots, comme je l'ai dit, formaient l'enceinte demi-circulaire où étaient enfermés nos chevaux, le télègue et Louise; cette enceinte était protégée d'un côté par la paroi de la montagne, tranchée perpendiculairement à plus de quatre-vingts pieds, et de l'autre par l'éboulement, qui faisait sur nos derrières comme une espèce de rempart naturel. Quant à la ligne des chariots, elle était garnie comme les créneaux d'une ville assiégée; chaque homme avait sa pique, sa hache et son couteau, et Ivan et moi nous avions chacun une carabine et une paire de pistolets.

Nous restâmes ainsi pendant une demi-heure à peu près, occupés des deux côtés à mesurer nos forces. Les loups, comme je l'ai dit, faisaient quelquefois des pointes dans la lumière comme pour s'enhardir, et cependant ces pointes avaient un caractère visible d'hésitation. Cette tactique de leur part avait cela de maladroit qu'elle nous familiarisait avec le danger ; quant à moi, une espèce de fièvre avait succédé à ma crainte première, et j'étais impatient de cette situation, qui était depuis longtemps déjà le danger sans être encore le combat. Enfin un des loups s'approcha si près de nous, que je demandai à George s'il ne serait pas convenable de lui envoyer une balle pour le faire repentir de sa témérité.

— Oui, me dit-il, si vous êtes sûr de le tuer raide.

— Pourquoi cela ?

— Parce que, si vous le tuez raide, ses camarades s'amuseront à le manger, comme font les chiens dans un chenil; il est vrai aussi, murmura-t-il entre ses dents, qu'une fois qu'ils auront goûté du sang, ils seront comme des démons.

— Ma foi, répondis-je, il me fait si beau jeu, que je suis à peu près sûr de mon coup.

— Tirez donc, alors, dit George, car aussi bien faut-il que cela finisse d'une façon ou de l'autre.

Il n'avait pas achevé, que le coup de fusil était parti, et que le loup se tordait sur la neige.

En même temps, et ainsi que l'avait prévu George, cinq ou six loups que nous n'apercevions que comme des ombres, se précipitèrent dans le cercle de lumière, saisirent le mort, et, l'entraînant avec eux, rentrèrent dans l'obscurité en moins de temps qu'il en faut pour le dire.

Mais, quoique les loups fussent hors de vue, leur présence n'en n'était pas moins constatée par des hurlements féroces ; il y a plus, ces hurlements redoublaient tellement, qu'il était visible que la troupe augmentait en nombre. En effet, c'était une espèce d'appel à la curée, et tout ce qu'il y avait de ces animaux à deux lieues à la ronde était maintenant réuni en face de nous ; enfin, les hurlements cessèrent.

— Entendez-vous nos chevaux ? me dit George.

— Que font-ils ?

— Ils piétinent et hennissent : cela veut dire que nous nous tenions prêts.

— Mais je croyais les loups partis : ils ne rugissent plus.

— Non, ils ont fini et ils se pourlèchent. Eh! tenez, les voilà ; attention, les autres.

En effet, huit à dix loups qui, dans l'obscurité, nous paraissaient gros comme des ânes, entrèrent tout à coup dans le cercle de lumière qui nous entourait, puis, sans hésitation, sans hurlements, fondirent droit sur nous, et, au lieu d'essayer de passer sous nos voitures, bondirent bravement dessus pour nous attaquer en face. Cette attaque fut rapide comme la pensée, et, à peine avais-je eu le temps de les apercevoir, que nous en étions déjà aux prises avec eux; cependant, soit hasard, soit qu'ils eussent vu de quel point était parti le coup de feu, aucun n'attaqua mon chariot, de sorte que je pus juger du combat mieux que si j'y eusse pris une part directe.

A ma droite, le chariot qui était défendu par George était attaqué par trois loups dont l'un, à peine à portée, fut transpercé d'un coup de pique que lui lança le vieillard, et l'autre tué d'un coup de carabine que je lui tirai; il n'en restait donc plus qu'un, et, comme je vis George lever sa hache sur lui, je ne m'en inquiétai pas davantage, et me retournai vers le chariot de gauche sur lequel était David.

Là, la chance était moins heureuse, quoique deux loups seulement l'eussent attaqué, car David, on se le rappelle, était blessé à l'épaule gauche; il avait bien frappé un des deux loups d'un coup de pique, mais le fer n'ayant atteint, à ce qu'il paraît, aucune partie vitale, le loup avait mordu et brisé le bois de la pique, de sorte que David s'était trouvé un instant n'avoir qu'un bâton dans la main. Au même instant l'autre loup s'était élancé et se cramponnait aux cordages, afin d'arriver jusqu'à David. Aussitôt je passai d'un chariot à l'autre, et, au moment où David tirait son couteau, je cassai la tête de son antagoniste d'un coup de pistolet; quant à l'autre, il se roulait sur la neige, rugissant avec fureur et mordant, sans pouvoir l'arracher, le bois de la pique, qui sortait de six à huit pouces de sa blessure.

Pendant ce temps, Ivan faisait merveille de son côté, et j'avais entendu un coup de carabine et deux coups de pistolet qui m'annonçaient que nos adversaires étaient aussi bien reçus à mon extrême gauche qu'à ma gauche et à ma droite. En effet, au bout d'un instant, quatre loups traversèrent de nouveau la lumière, mais cette fois pour fuir; et, chose étrange! alors deux ou trois de ceux que nous croyions morts ou blessés mortellement se dressèrent sur leurs pattes ; puis, tout en se traînant et en laissant derrière eux une large trace de sang, suivirent leurs compagnons et disparurent avec eux ; si bien que, tout compte fait, il ne resta que trois ennemis sur le champ de bataille.

Je me retournai vers George, au bas du chariot duquel deux loups étaient gisants : c'était celui qu'il avait transpercé d'un coup de pique et celui que j'avais tué d'un coup de carabine.

— Rechargez vite, me dit-il, ce sont de vieilles connaissances dont je sais toutes les allures; rechargez vite, nous n'en serons pas quittes à si bon marché.

— Comment! lui dis-je en mettant à

l'instant même son conseil à exécution, vous croyez que nous ne sommes pas encore débarrassés d'eux?

— Écoutez-les, répondit George; tenez, les voilà qui s'appellent; et puis, tenez, tenez... et il étendit la main vers l'horizon.

En effet, aux hurlements rapprochés de nous répondaient des hurlements lointains ; de sorte qu'il était évident que le vieux guide avait raison, et que cette première attaque n'était qu'une affaire d'avant-garde.

En ce moment je me retournai, et je vis luire, pareils à deux torches ardentes, les deux yeux d'un loup, qui, parvenu sur la crête de l'éboulement, plongeait de là dans notre camp. Je le mis en joue; mais, au moment où le coup partait, il s'élançait au milieu des chevaux, et tombait, cramponné à la gorge de l'un d'eux. En même temps, deux ou trois de nos compagnons se laissèrent glisser à bas des chariots; mais aussitôt la voix du vieux George retentit :

— Il n'y a qu'un loup, cria-t-il; il ne faut qu'un homme, tous les autres à leur poste. — Et vous, ajouta-t-il en s'adressant à moi, rechargez vite, et tâchez de ne tirer qu'à coup sûr.

Deux hommes remontèrent sur les chariots, et le troisième se glissa, ventre à terre et son long couteau à la main, entre les pieds des chevaux, qui trépignaient de terreur et se jetaient, comme des insensés, contre les voitures qui les enfermaient. Au bout d'un instant, je vis luire une lame qui disparut aussitôt; alors le loup lâcha le cheval, qui se dressa tout sanglant sur ses pieds de derrière, tandis qu'à terre on voyait une masse informe se rouler sans qu'on pût distinguer l'homme du loup ni le loup de l'homme : c'était quelque chose de terrible. Au bout d'un instant, l'homme se releva : nous poussâmes un cri de joie, nous avions tous le cœur oppressé.

— David, dit le lutteur en se secouant, viens m'aider à enlever cette charogne : tant qu'elle sera dans l'enceinte, il n'y aura pas moyen de jouir des chevaux.

David descendit, traîna le loup jusqu'au chariot où était son père, et le souleva avec l'aide de son compagnon. George alors le prit par les pattes de derrière, comme il eût pu faire d'un lièvre, et, le tirant à lui, le jeta en dehors du cercle avec les deux ou trois qui étaient déjà gisants; puis, se retournant vers le voiturier qui s'était assis à terre tandis que David remontait sur sa voiture.

— Eh bien! Nicolas, lui dit-il, ne remontes-tu pas à ton poste?

— Non, vieux George, non, dit le voiturier en secouant la tête, j'en ai assez.

— Seriez-vous donc blessé? s'écria Louise en sortant à demi du télègue.

— Je ne saurais trop vous dire, ma petite dame, répondit Nicolas; seulement ce que je sais, c'est que je crois que j'ai mon compte.

— Eugène! me cria Louise, Eugène! venez donc m'aider à panser ce pauvre homme : il perd tout son sang.

Je tendis ma carabine à George, je sautai à bas du chariot et je courus au blessé.

Effectivement, il avait une partie de la mâchoire emportée, et le sang coulait abondamment d'une large plaie qu'il avait au cou. J'eus peur un instant que la carotide ne fût atteinte; je pris une poignée de neige et je l'appliquai sur sa blessure, sans savoir si je faisais bien ou mal. Le patient, saisi par le froid, jeta un cri et s'évanouit : je crus qu'il était mort.

— Oh! mon Dieu, s'écria Louise, pardonnez-moi, car c'est moi qui suis cause de tout cela.

— A nous! excellence, à nous, cria George, voilà les loups.

Je laissai le blessé aux soins de Louise, et je remontai vivement sur mon chariot.

Cette fois, je ne pus suivre aucun détail, car j'eus assez à faire pour mon propre compte, sans m'occuper des autres. Nous étions attaqués par vingt loups au moins; je déchargeai l'un après l'autre mes deux pistolets à bout portant, puis je saisis une hache que George me tendait. Mes pistolets déchargés n'étaient plus bons à rien : je les passai dans ma ceinture, et je me mis à jouer de mon mieux de l'instrument dont j'étais armé.

Le combat dura près d'un quart d'heure; pendant un quart d'heure quelqu'un qui eût assisté à cette lutte eût eu, certes, sous les yeux un des spectacles les plus terribles qui se puissent voir. Enfin, au bout d'un quart d'heure, j'entendis pousser sur toute notre ligne un grand cri de victoire; je fis un dernier effort. Un loup s'était cramponné aux cordages de mon chariot, afin de parvenir jusqu'à moi; je lui déchargeai un coup terrible sur la tête, et quoique la hache glissât sur l'os du crâne, elle lui fit une si profonde blessure à l'épaule, qu'il lâcha prise et retomba en arrière.

Alors, comme la première fois, nous vîmes les loups faire retraite, repasser en hurlant dans l'espace éclairé, puis disparaître dans les ténèbres; mais cette fois pour ne plus revenir.

Chacun de nous alors jeta un regard silencieux et morne autour de lui; trois de nos hommes étaient plus ou moins blessés, et sept ou huit loups étaient gisants çà et là : il était évident que, sans le moyen que nous avions trouvé d'éclairer le champ de bataille, nous eussions probablement été tous dévorés.

Le péril même que nous venions de courir nous faisait plus vivement encore sentir la nécessité de gagner rapidement la plaine. Qui pouvait prévoir les nouveaux dangers qu'amènerait la prochaine nuit, si nous étions forcés de la passer dans la montagne?

Nous plaçâmes donc nos blessés en sentinelles sur les chariots, après avoir bandé leurs plaies, car, quoiqu'il fût probable, ainsi que l'annonçaient les hurlements de plus en plus éloignés des fuyards, que nous étions décidément débarrassés d'eux, il eût été imprudent de ne point nous tenir toujours sur nos gardes; cette précaution prise, nous nous remîmes à creuser notre galerie.

Au point du jour, l'éboulement était percé de part en part.

Alors George donna l'ordre d'atteler. Quatre de nos voituriers s'occupèrent de ce soin, tandis que les quatre autres dépouillaient les morts, dont les fourrures, surtout à l'époque où nous étions, avaient une certaine valeur; mais au moment de partir on s'aperçut que le cheval qui avait été mordu par les loups était trop grièvement blessé, non-seulement pour rendre aucun service, mais encore pour continuer la route.

Alors le voiturier auquel il appartenait m'emprunta un de mes pistolets, et le conduisant dans un coin, il lui cassa la tête.

Cette exécution faite, nous nous remîmes en route en silence et tristement. Nicolas était toujours dans un état presque désespéré, et Louise, qui l'avait pris sous sa protection, l'avait fait mettre près d'elle dans le traîneau ; les autres étaient couchés sur leurs voitures ; quant à nous, nous marchions à pied près des attelages.

Au bout de trois ou quatre heures de marche, pendant lesquelles les voitures faillirent vingt fois être précipitées, nous arrivâmes à un petit bois que les voituriers reconnurent avec une grande joie; car il n'était distant que de trois ou quatre lieues du premier village que l'on rencontre sur le versant asiatique de l'Oural; nous nous arrêtâmes donc, et comme le besoin de repos était général, George ordonna de faire halte.

Chacun mit la main à l'œuvre, même les blessés; en dix minutes les chevaux furent dételés, trois ou quatre sapins abattus, et un grand feu fut allumé. Cette fois encore l'ours fit les frais du repas, mais comme nous ne manquions pas de charbon pour le faire griller, tout le monde en mangea, même Louise.

Puis, comme chacun avait hâte de sortir de ces montagnes maudites, nous nous remîmes en route aussitôt le repas de nos chevaux et le nôtre terminé. Après une heure et demie de marche, nous aperçûmes au détour d'une colline plusieurs colonnes de fumée qui semblaient sortir de la terre : c'était le village tant désiré que plus d'un d'entre nous avait cru ne jamais atteindre, et dans lequel nous entrâmes enfin vers les quatre heures du soir.

Il n'y avait qu'une mauvaise auberge dont, en toute autre circonstance, je n'aurais pas voulu pour servir de chenil à mes chiens, et qui nous sembla un palais.

Le lendemain, en partant, nous laissâmes cinq cents roubles à George, en le priant de les partager entre lui et ses camarades.

XXV

A partir de ce moment, tout alla bien, car nous nous trouvions dans ces vastes plaines de la Sibérie qui s'étendent jusqu'à la mer Glaciale, sans qu'on rencontre une seule montagne qui mérite le nom de colline. Grâce à l'ordre dont Ivan était porteur, les meilleurs chevaux étaient pour nous; puis la nuit, de peur d'accidents pareils à ceux dont nous avions failli être victimes, des escortes de dix ou douze hommes armés de carabines ou de lances nous accompagaient, galopant aux deux côtés de notre traîneau. Nous traversâmes ainsi Ekaterynbourg sans nous arrêter à ses magnifiques magasins de pierreries, qui la font étinceler comme une ville magique, et qui nous semblaient d'autant plus fabuleux, que nous sortions d'un désert de neige, où, pendant trois jours, nous n'avions pas trouvé l'abri d'une chaumière; puis Tioumen, où commence véritablement la Sibérie; enfin nous entrâmes dans la vallée du Tobol, et, sept jours après être sortis des terribles monts Ourals, nous entrions à la nuit tombante dans la capitale de la Sibérie.

Nous étions écrasés de fatigue, et cependant Louise, soutenue par le sentiment de son amour, qui croissait à mesure qu'elle se rapppochait de celui qui en était l'objet, ne voulut s'arrêter que le temps de prendre un bain. Vers les deux heures du matin, nous repartîmes pour Koslowo, petite ville située sur l'Irtich, et qui avait été fixée pour résidence à une vingtaine de prisonniers au nombre desquels, comme nous l'avons dit, se trouvait le comte Alexis.

Nous descendîmes chez le capitaine commandant le village, et là, comme partout, l'ordre de l'empereur fit son effet. Nous nous informâmes du comte; il était toujours à Koslowo, et sa santé était aussi bonne qu'on pouvait le désirer. Il était convenu avec Louise que je me présenterais d'abord à lui, afin de le prévenir qu'elle était arrivée. Je demandai en conséquence, pour le voir, au gouverneur une permission qui me fut accordée sans difficulté. Comme je ne savais pas où résidait le comte et que je ne parlais pas la langue du pays, on me donna un Cosaque pour me conduire.

Nous arrivâmes dans un quartier du village fermé par de hautes palissades, dont toutes les issues étaient gardées par des sentinelles, et qui se composaient d'une vingtaine de maisons à peu près. Le Cosaque s'arrêta à l'une d'elles, et me fit signe que c'était là. Je frappai avec un battement de cœur étrange à cette porte, et j'entendis la voix d'Alexis qui répondait : Entrez. — J'ouvris la porte, et je le trouvai couché tout habillé sur son lit, un bras pendant et un livre tombé près de lui.

Je restai sur le seuil, le regardant et lui tendant les bras, tandis que lui se soulevait étonné, hésitant à me reconnaître.

— Eh bien ! oui, c'est moi, lui dis-je.

— Comment ! vous ! vous !

Et il bondit de son lit et me jeta les bras autour du cou ; puis, reculant avec une espèce de terreur :

— Grand Dieu ! s'écria-t-il, et vous aussi

prendre un bain. Vers les deux heures du matin, nous repartîmes pour Koslowo, petite ville située sur l'Irtich, et qui avait été fixée pour résidence à une vingtaine de prisonniers au nombre desquels, comme nous l'avons dit, se trouvait le comte Alexis.

Nous descendîmes chez le capitaine commandant le village, et là, comme partout, l'ordre de l'empereur fit son effet. Nous nous informâmes du comte; il était toujours à Koslowo, et sa santé était aussi bonne qu'on pouvait le désirer. Il était convenu avec Louise que je me présenterais d'abord à lui, afin de le prévenir qu'elle était arrivée. Je demandai en conséquence, pour le voir, au gouverneur une permission qui me fut accordée sans difficulté. Comme je ne savais pas où résidait le comte et que je ne parlais pas la langue du pays, on me donna un Cosaque pour me conduire.

Nous arrivâmes dans un quartier du village fermé par de hautes palissades, dont toutes les issues étaient gardées par des sentinelles, et qui se composaient d'une vingtaine de maisons à peu près. Le Cosaque s'arrêta à l'une d'elles, et me fit signe que c'était là. Je frappai avec un battement de cœur étrange à cette porte, et j'entendis la voix d'Alexis qui répondait : Entrez. — J'ouvris la porte, et je le trouvai couché tout habillé sur son lit, un bras pendant et un livre tombé près de lui.

Je restai sur le seuil, le regardant et lui tendant les bras, tandis que lui se soulevait étonné, hésitant à me reconnaître.

— Eh bien ! oui, c'est moi, lui dis-je.
— Comment ! vous ! vous !

Et il bondit de son lit et me jeta les bras autour du cou ; puis, reculant avec une espèce de terreur :

— Grand Dieu ! s'écria-t-il, et vous aussi

seriez-vous exilé; et serais-je assez malheureux pour être cause?...

— Rassurez-vous, lui dis-je; je viens ici en amateur.

Il sourit amèrement.

— En amateur au fond de la Sibérie, à neuf cents lieues de Saint-Pétersbourg! Expliquez-moi cela... ou plutôt... avant tout... pouvez-vous me donner des nouvelles de Louise?

— D'excellentes et de toutes fraîches : je la quitte.

— Vous la quittez! vous la quittez il y a un mois?

— Il y a cinq minutes.

— Mon Dieu! s'écria Alexis en pâlissant, que me dites-vous là?

— La vérité.

— Louise?

— Est ici.

— O saint cœur de femme, murmura-t-il en levant les mains au ciel tandis que deux grosses larmes roulaient sur ses joues. Puis, après un instant de silence, pendant lequel il paraissait remercier Dieu : Mais où est-elle ? demanda-t-il.

— Chez le gouverneur, répondis-je.

— Courons alors. — Puis, s'arrêtant : Que je suis fou, reprit-il ; j'oublie que je suis parqué et que je ne puis sortir de mon parc sans la permission du brigadier. Mon cher ami, ajouta-t-il, allez chercher Louise, que je la voie, que je la serre dans mes bras ; ou plutôt restez, cet homme ira. Pendant ce temps nous parlerons d'elle.

Et il dit quelques mots au Cosaque, qui sortit pour s'acquitter de sa commission.

Pendant ce temps, je racontai à Alexis tout ce qui s'était passé depuis son arrestation : la résolution de Louise, comment elle avait tout vendu, de quelle façon cette somme lui avait été volée, son entrevue avec l'empereur, la bonté de celui-ci pour elle, notre départ de Saint-Pétersbourg, notre arrivée à Moscou, de quelle façon nous y avions été reçus par sa mère et par ses sœurs, qui s'étaient chargées de son enfant; puis notre départ, nos fatigues, nos dangers; le passage terrible à travers les monts Ourals; enfin notre arrivée à Tobolsk et à Koslowo. Le comte écouta ce récit comme on fait d'une fable, me prenant de temps en temps les mains et me regardant en face pour s'assurer que c'était bien moi qui lui parlais et qui étais là devant lui; puis, avec impatience, il se levait, allait à la porte, et, ne voyant personne venir, il se rasseyait, me demandant de nouveaux détails que je ne me lassais pas plus de répéter que lui d'entendre. Enfin la porte s'ouvrit, et le Cosaque reparut seul.

— Eh bien? lui demanda le comte en pâlissant.

— Le gouverneur a répondu que vous

deviez connaître la défense faite aux prisonniers.

— Laquelle?

— Celle de recevoir des femmes.

Le comte passa la main sur son front, et retomba assis sur son fauteuil. Je commençai à craindre moi-même, et je regardais le comte, dont le visage trahissait tous les sentiments violents qui se heurtaient dans son âme. Au bout d'un moment de silence, il se retourna vers le Cosaque :

— Pourrais-je parler au brigadier? dit-il.

— Il était chez le gourverneur en même temps que moi.

— Veuillez l'attendre à sa porte et le prier de ma part d'avoir la bonté de passer chez moi.

Le Cosaque s'inclina et sortit.

— Ces gens obéissent cependant, dis-je au comte.

— Oui, par habitude, répondit celui-ci

en souriant. Mais comprenez-vous quelque chose de pareil et de plus terrible? elle est là à cent pas de moi; elle a fait neuf cents lieues pour me rejoindre, et je ne puis la voir.

— Mais sans doute, lui dis-je, c'est quelque erreur, quelque consigne mal interprétée, on reviendra là-dessus.

Alexis sourit d'un air de doute.

— Eh bien! alors, nous nous adresserons à l'empereur.

— Oui, et la réponse arrivera dans trois mois; et pendant ce temps... Vous ne savez pas ce que c'est que ce pays, mon Dieu!

Il y avait dans les yeux du comte un désespoir qui m'effraya.

— Eh bien! s'il le faut, repris-je en souriant, pendant ces trois mois je vous tiendrai compagnie; nous parlerons d'elle, cela vous fera prendre patience: puis, d'ailleurs, le gouverneur se laissera toucher, ou bien il fermera les yeux.

Alexis me regarda en souriant à son tour.

— Ici, voyez-vous, me dit-il, il ne faut compter sur rien de tout cela. Ici tout est de glace comme le sol. S'il y a un ordre, l'ordre sera exécuté, et je ne la verrai pas.

— Mais c'est affreux, murmurai-je.

En ce moment le brigadier entra.

— Monsieur! s'écria Alexis en s'élançant au-devant de lui, une femme, par un dévouement héroïque, sublime, a quitté Saint-Pétersbourg pour me rejoindre; elle arrive, elle est ici, après mille dangers courus; et cet homme me dit que je ne puis la voir.... il se trompe sans doute?

— Non, monsieur, répondit froidement le brigadier; vous savez bien que les prisonniers ne peuvent communiquer avec aucune femme.

— Et cependant M. le prince Troubetskoï a obtenu la permission qu'on me refuse; est-ce parce qu'il est prince?

— Non, monsieur, répondit le brigadier; mais c'est parce que la princesse est sa femme.

— Et si Louise était ma femme, s'écria le comte, on ne s'opposerait donc point à ce que je la revisse?

— Aucunement, monsieur.

— Oh! s'écria le comte comme soulagé d'un grand fardeau. Puis après un instant: Monsieur, dit-il au brigadier, voulez-vous bien permettre au pope de me venir parler?

— Il va être prévenu dans un instant, dit le brigadier.

— Et vous, mon ami, continua le comte en me serrant les mains, après avoir servi de compagnon et de défenseur à Louise, voudrez-vous bien lui servir de témoin et de père?

Je lui jetai les bras autour du cou et je l'embrassai en pleurant, je ne pouvais prononcer une seule parole.

— Allez retrouver Louise, reprit le comte, et dites-lui que nous nous reverrons demain.

En effet, le lendemain à dix heures du matin, Louise, conduite par moi et par le gouverneur, et le comte Alexis, suivi du prince Troubetskoï et de tous les autres exilés, entraient chacun par une porte de la petite église de Koslowo, venaient s'agenouiller en silence devant l'autel, et là échangeaient entre eux leur premier mot.

C'était le oui solennel qui les liait à jamais l'un à l'autre.

L'empereur, par une lettre particulière adressée au gouverneur, et que lui avait remise Ivan à notre insu, avait ordonné que le comte ne reverrait Louise qu'à titre de femme.

Le comte, comme on le voit, avait été au-devant des désirs de l'empereur.

*

En revenant à Saint-Pétersbourg, je trouvai des lettres qui me rappelaient impérieusement en France.

C'était au mois de février : la mer par conséquent était fermée, mais le traînage étant parfaitement établi, je n'hésitai point à partir par cette voie :

Je me décidai d'autant plus facilement à quitter la ville de Pierre-le-Grand, que, quoique malgré mon absence sans congé l'empereur eût eu la bonté de ne me point faire remplacer à mon corps, j'avais perdu par la conspiration même une partie de mes écoliers, et que je ne pouvais m'empêcher de regretter ces pauvres jeunes gens, si coupables qu'ils fussent.

Je repris donc la route que j'avais suivie en venant, il y avait dix-huit mois, et je traversai de nouveau, mais cette fois sur un vaste tapis de neige, la vieille Moscovie et une partie de la Pologne.

Je venais d'entrer dans les états de sa majesté le roi de Prusse, lorsqu'en mettant le nez hors de mon traîneau, j'aperçus, à mon grand étonnement, un homme d'une cinquantaine d'années, grand, mince, sec, portant habit, gilet et culotte noirs, chaussé d'escarpins à boucles, coiffé d'un claque, serrant sous son bras gauche une pochette, et faisant voltiger de sa main droite un archet, comme il eût fait d'une badine. Le costume me paraissait si étrange et le lieu si singulier pour se promener sur la neige par un froid de vingt-cinq à trente degrés, que croyant d'ailleurs m'apercevoir que l'inconnu me faisait des signes, je m'arrêtai pour l'attendre. A peine me vit-il à l'ancre, qu'il allongea le pas, mais toujours sans précipitation et avec une certaine dignité toute pleine de grâces. A mesure qu'il se rapprochait, je croyais reconnaître le pauvre diable : bientôt il fut assez près de moi pour que je n'eusse plus de doute. C'était mon compatriote que j'avais rencontré à pied sur la grande route, en entrant à Saint-Pétersbourg, et que je rencontrais dans le même équipage, mais dans des circonstances bien autrement graves. Lorsqu'il fut à deux pas de mon traîneau, il s'arrêta, ramena ses pieds à la troisième position, passa son archet sous les cordes de son violon, et prenant avec trois doigts le haut de son claque :

— Monsieur, me dit-il en me saluant dans toutes les règles de l'art chorégraphique, sans indiscrétion, pourrais-je vous demander dans quelle partie du monde je me trouve ?

— Monsieur, lui répondis-je, vous vous

trouvez un peu au-delà du Niémen, à quelque trentaine de lieues de Kœnisberg; vous avez à votre gauche Friedland et à votre droite la Baltique.

— Ah! ah! fit mon interlocuteur visiblement satisfait de ma réponse, qui lui arrivait en terre civilisée.

— Mais, à mon tour, monsieur, continuai-je, sans indiscrétion, pouvez-vous me dire comment il se fait que vous vous trouviez dans cet équipage, à pied, en bas de soie noire, le claque en tête et le violon sous le bras, à trente lieues de toute habitation, et par un froid pareil?

— Oui, c'est original, n'est-ce pas? Voilà l'affaire. Vous m'assurez que je suis hors de l'empire de sa majesté le czar de toutes les Russies?

— Vous êtes sur les terres du roi Frédéric-Guillaume.

— Eh bien! il faut vous dire, monsieur, que j'avais le malheur de donner des leçons de danse à presque tous les malheureux jeunes gens qui avaient l'infamie de conspirer contre la vie de sa majesté. Comme j'allais, pour exercer mon art, régulièrement des uns chez les autres, ces imprudents me chargeaient de lettres criminelles, que je remettais, monsieur, je vous en donne ma parole d'honneur, avec la même innocence que si c'eût été tout simplement des invitations de dîner ou de bal : la conspiration éclata comme vous le savez peut-être. — Je fis signe de la tête que oui. — On sut, je ne sais comment, le rôle que j'y avais joué : si bien, monsieur, que je fus mis en prison. Le cas était grave, car j'étais complice de non-révélation. Il est vrai que je ne savais rien, et que, par conséquent, vous comprenez, je ne pouvais rien révéler. Ceci est palpable, n'est-ce pas? — Je fis signe de la tête que j'étais parfaitement de son avis. — Eh bien! tant il y a, monsieur, qu'au moment où je m'attendais à être pendu, on m'a mis dans un traîneau fermé, où j'étais fort bien du reste, mais d'où je ne sortais que deux fois par jour pour mes besoins naturels, tels que déjeuner, dîner. — Je fis signe de la tête que je comprenais fort bien. — Bref, monsieur, il y a un quart d'heure que le traîneau, après m'avoir déposé dans cette plaine, et est reparti au galop, oui, monsieur, au galop, sans me rien dire, ce qui n'est pas poli, mais aussi sans me demander de pour-boire, ce qui est fort galant. Enfin je me croyais à Tobolsk, par delà les monts Ourals. Monsieur, vous connaissez Tobolsk? — Je fis signe de la tête que oui. — Eh! point du tout, je suis en pays catholique, luthérien, veux-je dire; car vous n'ignorez pas, monsieur, que les Prussiens suivent le dogme de Luther. — Je fis signe de la tête que ma science allait jusque-là. — Si bien, monsieur, qu'il ne me reste plus qu'à vous demander pardon de vous avoir dérangé, est à m'informer auprès de vous quels sont les moyens de transport de ce bienheureux pays.

— De quel côté allez-vous, monsieur?

— Monsieur, je désire aller en France. On m'a laissé mon argent, monsieur; je vous dis cela parce que vous n'avez pas l'air d'un voleur. On m'a laissé mon argent, dis-je, et comme je n'ai qu'une petite fortune, douze cents livres de rente à peu près, monsieur, il n'y a pas de quoi rouler carrosse; mais, avec de l'économie, on peut vivre de cela. Donc je voudrais retourner en France pour manger tranquillement mes douze cents livres, loin de toutes les vicissitudes humaines et caché à l'œil des gouvernements. C'est donc pour la France, monsieur, c'est donc pour rentrer dans ma patrie que je vous demanderai quels sont, à votre connaissance, les moyens de transport les moins... les moins dispendieux.

— Ma foi, mon cher Vestris, lui dis-je en changeant de ton, car je commençais à prendre pitié du pauvre diable qui, tout en conservant son sourire et sa position chorégraphique, commençait à trembler de tous ses membres, en fait de moyens de transport, j'en ai un bien simple et bien facile, si vous voulez.

— Lequel, monsieur?

— Et moi aussi je retourne en France, dans ma patrie. Montez avec moi dans mon traîneau, et je vous déposerai, en arrivant à Paris, sur le boulevart Bonne-Nouvelle, comme je vous ai déposé, en arrivant à Saint-Pétersbourg, à l'hôtel d'Angleterre.

— Comment, c'est vous, mon cher monsieur Grisier*.

— Moi-même, pour vous servir; mais ne perdons pas de temps. Vous êtes pressé, et

---

* Ici l'auteur anonyme du manuscrit a trahi son véritable nom, qu'il avait eu le soin d'effacer partout ailleurs : comme je présume, au reste, que nos lecteurs avaient déjà reconnu dans le héros de ces mémoires notre célèbre maître d'armes lui-même, je ne crois pas commettre une grande indiscrétion en laissant ici le mot *Grisier* en toutes lettres.

moi aussi : voilà la moitié de mes fourrures. Là, bien, réchauffez-vous.

— Le fait est que je commençais à me refroidir. Ah!...

— Mettez votre violon quelque part. Il y a de la place.

— Non, merci; si vous le permettez, je le porterai sous mon bras.

— Comme vous voudrez. — Postillon ! en route.

Et nous repartîmes au galop.

Neuf jours après, heure pour heure, je déposais mon compagnon de voyage en face du passage de l'Opéra. Je ne l'ai jamais revu depuis.

Quant à moi, comme je n'avais pas eu l'esprit de faire ma fortune, je continuai de donner des leçons. Dieu a béni mon art et j'ai force élèves dont pas un seul n'a été tué en duel. Ce qui est le plus grand bonheur que puisse espérer UN MAÎTRE D'ARMES.

FIN.

Librairie de Dumont.

EN VENTE.

LA COMTESSE DE SALISBURY, par Alex. Dumas, 2 vol. in-8.	15	»
ISABEL DE BAVIÈRE, par le même, 3e édit. 2 vol. in-8.	15	»
SOUVENIRS D'ANTONY, par le même, 3e édit. 1 vol. in-8.	7	50
IMPRESSIONS DE VOYAGE, par le même, 3e édit. 5 vol. in-8.	35	»
PAULINE ET PASCAL BRUNO, par le même, 2e édit. 2 vol.	15	»
LE CAPITAINE PAUL, 2e édit., par le même, 2 vol. in-8.	15	»
QUINZE JOURS AU SINAÏ, par le même, 2e édit. 2 vol. in-8.	15	»
ACTÉ, par le même, 2e édit. 2 vol. in-8.	15	»
SCÈNES POPULAIRES, par H. Monnier, 2 v. in-8, 4e édit.	15	»
NOUVELLES SCÈNES POPULAIRES, par le même, 2 vol. in-8.	15	»
SOUVENIRS D'UN ESCROC DU GRAND MONDE, par lord Ellis, 2 vol. in-8.	15	»
EMMA, par l'auteur de *Trevelyan*, 2 vol. in-8.	15	»
VALDEPEIRAS, par H. Arnaud (Mme Charles Reybaud), 2 v. in-8.	15	»
MELCHIOR, par Madame C. Bodin (Jenny-Bastide) 2 vol. in-8.	15	»
LES TOURELLES, histoire des Châteaux de France, par Léon Gozlan, 2 vol. in-8.	15	»
LE CAPITAINE PAMPHILE, par Alexandre Dumas, 2 v. in-8.	15	»
MARIE DE MANCINI, par Madame Sophie Gay, 2 vol. in-8.	15	»
LOUISE, par la duchesse d'Abrantès, 2 vol. in-8.	15	
L'ABBESSE DE CASTRO, par Stendhal, 1 vol. in-8.	7	50
LA NEUVAINE DE LA CHANDELEUR, par Charles Nodier, in-8.	7	50
TRIBORD ET BABORD, par E. Corbière, 2 vol. in-8.	15	»
AVENTURES DE JOHN DAVYS, par A. Dumas, 4 vol. in-8.	30	
LA CHAMBRIÈRE, par Frédéric Soulié, 1 vol. in-8.	7	50
UN REVE D'AMOUR, par le même, 1 vol. in-8.	7	50
ANAIS, par Mme C. Bodin (Jenny Bastide), 2 vol. in-8.	15	»
LOUISON D'ARQUIEN, par Charles Rabou. 1 vol. in-8.	7	50
LE BANQUIER DE BRISTOL, par Jules Lacroix. 2 vol. in-8.	15	
EDITH DE FALSEN, par E. Legouvé. 1 vol. in-8.	7	50
OTHON L'ARCHER, par A. Dumas, 1 vol. in-8.	7	50
MAITRE ADAM LE CALABRAIS, par A. Dumas. 1 vol. in-8.	7	50
CARLO BROSCHI, par Eugène Scribe, 1 vol. in-8.	7	50
LA MAITRESSE ANONYME, par le même, 1 vol. in-8.	7	50
GUISE ET RIOM, par Paul de Musset, 2 vol. in-8.	15	»
L'HABIT D'UN AUTEUR CÉLÈBRE, par Suau de Varennes, 2 vol. in-8.	15	»
MADEMOISELLE BÉATA ET ROBERT MACAIRE EN ORIENT, par Alphonse-Royer, 2 vol. in-8.	15	»
GEORGES ET FABIANA, par H. Arnaud (Mme Charles Reybaud), 2 vol. in-8.	15	»
LE PELOTON DE FIL ET LE CABARET DES MORTS, par Roger de Beauvoir, 2 vol. in-8.	15	»
LES STUARTS, par Alexandre Dumas, 2 vol in-8.	15	»
FRÉDÉRIC ET BERNERETTE, par A. de Musset, 1 vol. in-8.	7	50
LES DEUX MAITRESSES, par le même, 1 vol. in-8.	7	50
LES NUITS DE LONDRES, par Méry, 2 vol. in-8.	15	»
FILLE, FEMME ET VEUVE, par Aug. Arnould. 1 vol. in-8.	7	50
ADELE LAUNAY, par le même, 1 vol. in-8.	7	50
LES TROIS MARIE, par Michel Masson et Lafitte, 2 vol. in-8.	15	»
PRAXÉDE, par Alexandre Dumas, 1 vol. in-8.	7	50

SOUS PRESSE :

L'EGOISME OU L'AMOUR, par madame E. de Girardin.
LES ILOTS DE MARTIN-VAR, par E. Corbière.
HORTENSE, par Alphonse Karr.
MADAME DE RIEUX, par H. Arnaud (Mme Charles Reybaud).
QUATRE ANS SOUS TERRE, par Jules Lacroix.
CALISTE, par madame Camille Bodin.
IMPRESSIONS DE VOYAGES (*midi de la France*), par A. Dumas.
LA NUIT DES NOCES, par P.-L. Jacob bibliophile).

E. Dépée, Impr. à Sceaux.

www.ingramcontent.com/pod-product-compliance
Lightning Source LLC
Chambersburg PA
CBHW060321170426
43202CB00014B/2626